教育は社会をどう変えたのか

個人化をもたらすリベラリズムの暴力

桜井智恵子

明石書店

教育は社会をどう変えたのか——個人化をもたらすリベラリズムの暴力

目次

序章　リベラリズムの暴力

それがほんとうに求めているのは、平等ではなく能力主義なのだ。

シンジア・アルッザ
ティティ・バタチャーリャ
ナンシー・フレイザー
『99%のためのフェミニズム宣言』二〇二〇年

人生は長くて短い。あっという間の九〇年ほどを、あなたはどんなふうに過ごしているのだろう。多くの日本に暮らす人たちは、働きづめで暮らす。多くない休みを「休まず」買い物やゲームで過ごす。のんびりする時間はほとんどない。近頃は「忙しくてもそれを楽しむ」という新自由主義の倫理が広がっていて、危なくてたまらない。若い人たちほど、それを自然に受け入れている。

たっぷり眠り、ゆっくり食事し、ゆるりと本を読む。家族や友人たちと人生をゆるやかに過ごす。

そのためには衣食住、少なくとも食住をまかなうお金が必要だ。世界ではその財の分け方がいちじるしく不平等だし、それが加速されているものだから、九九％の人々の分け前はそう多くない。いつのまにか、過剰に勉強して、過剰に働くという暮らし方が一般的になってしまった。副業を「楽しむ」人まで現れ始め、総労働時間が膨らみすぎることも問題視されている。私たちはなぜそうまでしないと生き延びることができないのだろうか。

現代社会はいかにつくられたか

二〇二〇年の新型コロナウイルス出現よりもずっと前からすでに、私たちの社会では生き延びることが難しくなっていた。これからの社会を見渡すためには、顕在化した状況の「つくられ方」を理解し分析してみることがとても重要だ。果たして何がまずかったのか。それがわかると、選び直すべき別の世界がはっきりとする。

地球全体の活動をストップさせたかにみえるウイルスの広がりは、人々の「リスク不安」感染を進め、とりわけ日本ではふるまいを自己統治する市民の存在も露呈した。教育や福祉はその影響をもっとも受ける領域である。

大学院の授業で、格差と教育の階層問題に関心ある院生たちと、懐かしいポール・ウィルスの名著『ハマータウンの野郎ども――学校への反抗・労働への順応』を読んだ。最初の扉にカール・マルクスの引用がある。研究や運動でも重視され、政策にもとりいれられた「全面的な発達」の箇所である。

特別支援教育の目的や教育運動でキーワードとして用いられてきたのが「全面的な発達」である。実はマルクスは「全面的な発達」を「教育目的」などでなく、資本主義の必然と批判的にとらえていたのである。

本書で、カール・マルクスとあわせて参照軸にするミシェル・フーコーは、学校や工場などの近代の装置のなかでは、監視される子どもや労働者は「自分が自分を監視する者になりはてる」と明解な分析をした。「犯罪は下からのクーデターである」と述べ[1]、「監視」と「処罰」と「強制」を重視する社会、家庭・学校、制度・政策などを含んだ「統治性」を解明しようとした。

みずから権力による強制に責任をもち、自発的にその強制を自分自身に働かせる。……自分がみずからの服従強制の本源になる[2]。

「統治性」と同じく終章で説明する「生政治」が、統計などにもとづき市民全体に働きかけ、あるべき健康や暮らし方が管理され、私たちは常に内面化した社会のまなざしによって監視され、従順であるよう強要される。そうして自我は抹殺され続ける。フーコーは、自分が決め選んで行っていると思っていることは、実は世の中が定めた秩序と規律によって方向づけられ強要されており、自分の自我は抑え込まれていると説明する。

フーコーの分析は、近代の人々が人間性を失っていく様を言い当てている。規律に囚われ、もっときちんともっとしっかりと、と自分が自分を監視し追い詰める世界を私たちの社会が招き、そうして人々は病むようになった。生産的であれと駆り立てる「生権力」にこの「規律権力」というメカニズムが内蔵され、人間関係も精神状態も侵食されつつ、私たちの時代は進んでいる。本書では、それらの論理と実際を結んで説明しよう。

フーコーのパレーシア概念は、取り立てて確認しておくに値する。パレーシアとはわきまえずに何かを言ってしまうことだ。危険を冒して、自らの真実を話すことである。近年では、資本主義批判が注目されつつあるが、教育学研究のなかで学力保障や能力の原理を問うことは、パレーシアに属するだろう。

自己責任の内面化

たとえば大学では、入学後に新聞を初めて読んだという学生が少なくない。政治的な話へのアレルギーもある。身の回りで政治を語る大人もほとんどいない。

若者の政治意識の低さを嘆く風潮があるなか、その政治的態度は小学校から高校までの教育の「成果」でもある。現代の学校現場で、子どもは批判的に物事を考える機会を奪われている。

テストの点数をいかに上げるかに追い立てられ、集団の和を乱さないように陰に陽に規律をたたき込まれる。必要なときに他者を頼ることは「依存」と見なされ、自助努力で生きることが大事だという価値観が教え込まれる。教育現場は、学力やコミュニケーション能力で人の価値が計られる能力主義によって貫かれ、自己責任という考え方を刷り込む場となっている。そこには、共に生きる社会や国の在り方を考えたり、能力主義によって正当化される経済格差をもたらす資本主義に疑問を持ったりする余地はない。

打てば響くようなあいさつをする学生はたくさんいる。学校教育が求める「明るく、元気」という規律が染みついている。でも、友人に悩みを打ち明けることが苦手な学生は少なくない。常に周囲に気を配り、張り詰めた空気のなかを無意識のうちに生きている。

こうしたふるまいを招く考え方は、自己責任という言葉として、いまや社会に行き渡っている。

二〇〇一年の小泉純一郎政権の構造改革を機に拍車が掛かり、遡ると一九八〇年代の中曽根康弘政権の新自由主義政策をまずは辿ることができる。政府の役割を縮小し、民間に委ねて経済活性化を図ろうとする政策だ。同政権肝いりの臨時教育審議会（以降、臨教審）答申では、国際競争に勝つために個人の能力を高める教育を重視する方針が打ち出された。近代の経済成長に資する人材育成を狙う教育政策が、臨教審以降の日本では強化され、じわじわと現場に浸透した。いまや現役教職員は皆、この能力観で育った人々だ。

現在の教育現場の状況は、臨教審の方針を三〇年余りかけて強化してきた歴史の必然ともいえる。市民にとっては、何事もうまくいかないのは個人の頑張りが足りないから、というわけだ。

能力主義と差別・排除

この能力主義は「排除」や「差別」も促している。

障害や学力をツールに、普通学級から子どもが追いやられ、特別支援学級に在籍する子どもが増えている。集団行動が苦手な子どもに対し、学校や教育行政が「個別支援が受けられる」という名目で誘うことが多いが、いじめを恐れて親が望むケースもある。いずれも普通学級から排除されていることに変わりはない。

多忙化によって教員に余裕がない学校現場では、クラスのなかに一人でも対応が難しい子どもがいると「課題のある子」とされて支援学級へ誘導される傾向がある。子どもにも「あの子は障害があるから別のクラス」という「常識」を植えつけている。そして、親は普通学級がいじめという排除を生み出す場であると懸念するからこそ、支援学級を選ばざるを得なくなっている。

「障害児を普通学校へ」の運動の成果もあり、地域の小学校の普通学級に入学した障害のある子どももいる。しかし、近年は彼らも学年が上がるに従って余裕のない授業時間の雰囲気に、逃げ出さざるをえないケースもある。普通学級にいるのが辛くなる状況が子ども自身の内側に生成される。普通学級が、自分の存在を徐々に「否認」し、消去したくなる空間になっている。障害のある子が普通学級を拒否するのだ。

障害者一九人の命が奪われた相模原障害者施設殺傷事件であらわになったのは、能力で人の優劣を決めつける優生思想であった。「障害者を排除すべき」とは誰も口にしない。でも、学校や社会には

「能力の高い人ほど優秀」というソフトな優生思想が浸透しており、私たちもその価値観と無縁ではない。一人で何でもこなすことが模範として強調されたら、生きる上で手助けが必要な重度障害者の存在をおとしめることになる。

しかし、凄惨な事件を受けてもなお、自己責任や排除を生み出す能力主義に基づく教育を問い直す機運は高まらず、グローバル人材の育成という形でむしろ強化されている。他方で、子どもの状況に応じた多様な教育機会を確保するとして個別支援の流れが強まっている。不登校の子が通うフリースクールも一例だ。こうした状況に対して、学校のありようを問い直さずに子どもの分断が正当化されてしまうことが危惧される。

不登校の子のなかには、学力向上一辺倒の学校に拒否反応を示して通わなくなった子どもがたくさんいる。だから普通学級のありようこそ問われなければならないのに、障害のある子ども、集団生活や勉強が苦手な子どもも含めて普通学級に適応できないとされた子どもが排除される。そうした子どもに対して「居場所支援」が運動のメインストリームとして行われる。彼らを排除して均質性が高まった教室ではグローバル人材を目指す競争を強いられ、子どもの緊張感は高まっていく。

「個人化」の原理

ハンナ・アーレントによると、一八世紀に成立したルソー主義的な教育理念によって、教育は政治の一手段となると考えられた。[3] 主体であれという個人の発見が教育の誕生に結びついたのだ。

近代に入り、所有をめぐり国家による個人の財産への注目が集まった。そして、教育が発見され、他者による能力評価を通した承認のしくみが広がった。二〇世紀に入り資本が巨大化するなか、人材養成のための教育要求は著しく進展し、能力主義、学歴主義が一般化した。業績を「承認」する価値観によって、制度や組織などが設計されており、そのなかで私たちは生きている。

すでに、インターネットはインフラになっているが、私たちはインスタグラムやツイッター上での「承認」にも支配されがちだ。SNSは、さまざまな人々をつなぎつつ、それら小さな監視装置は日常に浸透している。そこで私たちは、過剰に露出させられ、過剰なコミュニケーションを交わし、それがどこでいかにチェックされているか分からない。また、ユーチューブで余暇のほとんどを使う暮らし方は、公的領域（アーレント）から切り離され、個人化の生活様式に閉じ込められているともいえる。

個人で稼いで個人で満たすという「勤労」概念が分かち合いを阻み、能力主義を通して格差を生み、人々の多忙を生産し、市民を政治的無関心に引き寄せている。「勤労」概念は戦時中に定着したが、戦後の市民運動でも好んで用いられ、自分で稼いで自分で満たさねばならないという個人化社会を私たちはつくった。生きていくためのニーズを満たすために、がんばって働き自分で稼ぐスタイルが前提となり、皆で分かち合う共同性は縮減した。

本書では、環境や状況の劣悪は横に置き、「生きる上での困難」を乗り越えられないことを個人の問題に矮小化する傾向を「個人化」と呼ぶ。「個人化」を我慢しても、まるで魂が殺されるような感覚が続くと、忍耐や道徳という防波堤はいとも簡単に破られる。人によって差はあるけれど、そうして生まれた攻撃性を個人化だけで治めようとするのにはそもそも限界がある。いらだちを生みださせるしくみを見逃しては、木を見て森を見ず、何も解決せず同じ事柄が再生産される。

イギリスのニュー・レイバーの政策ブレーンだったアンソニー・ギデンズの『第三の道』では、生計費を直接支給するのでなく「人的資本」に投資する社会投資国家を提案した。

指針とすべきなのは、生計費を直接支給するのではなく、できる限り人的資本（human capital）に投資することである。私たちは、福祉国家の代わりにポジティブ・ウェルネス社会という文脈の中で機能する社会投資国家（social investment state）を構想しなければならない[4]。

そこで、トニー・ブレアの有名なスピーチ「教育、教育、教育である」になる。教育政策に重点を置くということだ。日本では、民主党が「第三の道」から教育改革を提案した。「不足を自主性に、病気を健康に、無知を教育に、惨めを幸福に、そして怠惰をイニシアチブに」置き換え、福祉と教育を位置づけた。この時期の社会民主主義が「人的資本」を提案し、能力主義を招く「機会の平等」を強調し、現在に至る。

「第三の道」は人的資本への社会投資を通じた社会的包摂政策で、貧困家庭や脆弱性のある若者に対する抑圧や社会的排除を深刻化させた。第三の道のワークフェアが社会構造の転換でなく、個人の矯正によって排除に対応するよう仕向ける統治性をもっていたのだ。

新自由主義の拡大につれ、二〇世紀末から個人化は公的な場でも目立つようになった。個人化が拡大する教育の現場では、刻々と変わる環境に対応してゆくグローバル人材が求められると説明され、教育政策はその方向にまっしぐらに舵を切った。

国の志向を受け教育政策は機能する。近代学校は設立当初から国民養成機関であり続けている。政権が新自由主義的であれば、その価値観から自由になることはできない。同時に、学校の国家機関としての機能、社会的機能が近年軽く見られていることに対し、私たちには再検討することが求められる。学校の内実を変えていくよう、腰を据えて考えていくことを忘れてはいけない。

筆者は、二〇一二年に『子どもの声を社会へ――子どもオンブズの挑戦』（岩波新書）を上梓し、子どもオンブズパーソンの実際と、子どもだけでなく私たちが置かれている社会について歴史構築的な説明をした。それは、次のように評された。桜井は、「この実践の意味の思想史的な検討へと進むが、通底するのはリベラリズム、新自由主義批判である。自己責任、家族や学校の責任追求、機会の平等、能力主義といった一律の個人像を前提とした議論が、対立構造を生み膠着状態を帰結することが指摘される」（元森絵里子「テーマ別研究動向（子ども）」『社会学評論』六六巻一号、日本社会学会、二〇一五年）。

問題を抱える個人を救済する個別救済のシステム、子どもオンブズパーソンとして、兵庫県川西市や、中学生の自死で注目された滋賀県大津市で仕事をしてきたが、二〇二一年度からは兵庫県尼崎市に子どもオンブズが設立され、オンブズパーソンとして関わっている。世界的に公的オンブズパーソンは、政策迎合的でないことが重要で、制度改善も見込める希少なシステムだ。しかし、個別救済は、トラブルが起きてからの救済システムであり、それらを生み出す社会的なあり方をこそ、問う必要がある。個別救済だけでは、逆に現在の排除的な社会の原理や個人化を補完することになる。

現代リベラリズムとリベラル

では、個人化と規律を強める学校をどう変えていったらよいのだろうか。そのためには、学校現場の自助努力や教育政策だけで乗り越えようとせずに、雇用や暮らしの構造を問う視点が大事と思われる。とりわけ四割に上る非正規雇用、劣化が著しい雇用の改善のために分配を仕切り直すことがまずは必要だ。本書では、「分配」は財政的な意味合いで使い、「配分」という言葉は能力や働き方も含めた意味合いで用いる。子どもが競争に追い立てられたり、親が子どもの将来に不安になったりするのは、以前より安定した仕事が減っていることが大きい。それら現代の問題の枠組みを、歴史的に位置づけると、リベラリズム（自由主義）という形態が見えてくる。

リベラリズム思想は、封建制社会から近代に向かう時期に発想された。ジョン・ロックの思想に代表されるように、王権に対する個人の所有権を守ろうとする潮流から始まった。生まれ落ちた環境によって人間のありようが左右されることに対して、人間が個人として自分の身一つで切り開いて収入を確保してゆく思想をベースにしている。古典的リベラリズムは、政府権力を制約し、法の支配を擁護し、私有財産と個人の自由意思を守ろうとする考え方であり、とりわけ国家による福祉に対して批判的であった。一方で、現代リベラリズムは、J・S・ミルの「完成へと向かう存在としての人間」というとらえ方を一つの起源として、個々人の能力や可能性を最大限に発揮させるという思想である。[6]そのため、国家による介入を積極的に認める。本書で俎上に載せるのは、この現代リベラリズムである。

リベラリズムは現代社会のルールでもある。いじめ、ハラスメント、過労死に憤り、正そうとする社会であり、個人の自由、自己決定、尊厳を最重要の価値とみなす。リベラリズムが重視する個人の自由や多様性は、自由民主主義社会全体の基本原則となっている。

国家の権力が強くなるなか、リベラリズムは近代個人の自由や多様性を尊重するために、政治権力や世間から干渉されない個人の自由を重視した。各人の自由な人生設計を実質的に可能にするためには、国家の支援が必要と考え、「権力による自由」を発想したのだ。二〇世紀の先進諸国はこうした考えにもとづいて社会保障や福祉国家を整備した。

個人の自由はとても大切で、すべての基盤にある。しかし、個人の努力が基本となるリベラリズムの原理では、どのような意味で自由が求められたのだろうか。本書では、個人の自由が個人化された自由に矮小化されてしまったと考える。近代公教育が下支えしてきたのは、こうした社会だ。リベラリズムは、個人の努力が基本となるがゆえに、人々が過剰に勉強し、休みなく働くことによって、社会が成立してきたかのように私たちを信じこませているのだ。しかし、本書で考えていきたいのは、個人化されない自由というものだ。

ジョック・ヤングは、社会的不公正をめぐる議論についてこう説明している。問題は社会の運営が不適切というふうに理解され、それをつくりだしている構造については充分話し合われず、表面的な問題にとどまる。[7] 保守派・リベラル派を問わずそうした問題の把握は、質的な違いはあっても結局のところ支配的な価値観を「確認」しているだけにすぎない。その人と自分との距離をあけて考える「他者化」と排除の悪循環を下支えしているにすぎないのだ、と。

彼は、これまでのような福祉国家の「再建」という方法はやめておいた方がいいと言う。[8] 支配的な価値観のままに提案をしたところで、排除の悪循環を支えるばかりで、現代の体制を批判しているリベラルの側は問題をしっかり把握していない、と指摘する。

たとえば、与党の「こども庁」創設提言書には、Child Firstがちりばめられているが「子どもの最善」を考えると社会の構造を問うことになるとは理解されていない。「所得格差と教育・体験格差の連動・連鎖を断ち切る」は子ども施策だけでは不可能なのである。子ども問題は生産主義による社会配分に繋がり、不平等が正当化されている点が大きいのだ。

また、なぜ能力主義を放置しながら「子どもに力をつけさせる」ことを教師や保育者、研究者も疑わないのだろうか。「個に力をつけさせる」という能力主義は、生産的な人間こそ必要であるという資本主義のルールだ。日々自分たちが支えている資本主義の原理が、経済文化的に人も自分も排除している原理でもあるということと繋がっていないのであろう。

フェミニズムからの宣言

第二波以降のフェミニズム理論は、生産関係こそ決定的とするマルクス主義の生産パラダイムから脱却し、それを背後で支えるリベラリズム批判へと射程を拡げた。これは教育と能力を考える参考になる。メリトクラシー（能力の原理）を前提とする教育という、生産パラダイムの背後にあるリベラリズムと対峙する必要があるからだ。

ナンシー・フレイザーらによる『99％のためのフェミニズム宣言』では、リベラリズムによる暴力がジェンダー領域から明解に指摘されている。本書は、教育や福祉領域におけるリベラリズムの能力主義を根深い問題だとしている。以下では、リベラリズムをめぐる、フレイザーらの議論を紹介しよう。

リベラリズムは、解決策を提示するどころか、それ自体が問題の一部となっている。[9] それは、階級に対して無関心を貫き、私たちの信念をエリート主義や個人主義につなげてしまう。

リベラルが約束する権利とは、資本主義的な現代性を前提に構想されたものであり、解放を実現するどころか、それらは標準化を促し、国家主義的で消費主義的な権利だ。[10] この構造に組み込まれた条件は、社会秩序に深く錨を下ろし、資本主義の暴力と切り離せない。たとえば、法律に見られる生政治的暴力、市場や銀行による経済的暴力、警察や裁判所による国家的暴力、入国管理体制、軍隊による国を超えた暴力などである。

問題の根である資本主義には、人種主義と帝国主義が不可欠である。確かに、アジアやアフリカでは、グローバル企業が多国籍企業と呼ばれた時代から、多くの先住民をその居住地から追い出し、彼らの生活や関係を収奪してきた。そもそも近代資本主義自体が、奴隷貿易に始まり、植民地の略奪と搾取および黒人奴隷制によって生まれたのであった。

現代の新自由主義のかたちをとった資本主義は、人間を産み出し、社会的つながりを維持する私たち全体を枯渇させてゆく。「共働き世帯」という新しい理想を掲げ、世界中の女性たちを大量に賃金労働へと駆り出したが、解放として示されたものは、結局強化された搾取と収奪のシステムであった。たとえば、搾取工場、輸出加工区、巨大都市の建設業、大企業の管理下にある農業、何よりサービス部門として、ファーストフード店、格安商品を売るメガストア、オフィスやホテルの清掃、保育・福祉・教育部門のケアワーカーである。

新自由主義における資本による攻撃は、公共サービスの削減というかたちでも進められている。資本主義の進行段階でもかつての社会民主主義段階では、裕福な国の労働者階級は資本からいくらかの利権を勝ち取っていた。それは、社会的再生産としての政府による社会的支援であり、失業保険、子ども手当、公教育の無償化などである。しかし、その前提は、社会福祉を享受するための家父長制などの規範がベースの資格基準や「第三世界」に対する現在進行形の帝国主義的収奪がそれに当たる。

特権をもつごく少数の女性たちが出世階段を登っていけるようになることばかりに尽力した結果、リベラリズムは市場中心の平等観を提唱することになった。その平等観は、現在世の中に蔓延する「多様性」に対する企業の熱意と一致し、人々から自由を奪う。

ガラスの天井を打ち破ろうとすることに興味はない。役員室を占拠する女性CEOたちを称賛することはおろか、私たちはCEOと役員室自体を撤廃したいのである[11]。

社会経済的なしがらみに取り組むことを頑として避けている。それがほんとうに求めているのは、平等ではなく能力主義なのだ[12]。

解放をうたう運動の主流となるリベラルな潮流は、その原理をごく少数が上昇するための能力主義へと矮小化してきた。

フレイザーによると、ソーシャルワークは、フォーディズム時代のコミュニティの合理的管理の試みに始まるとされる。フォードの経営陣は、勤労習慣を家庭で始まるものとして位置づけ、労働者の家族やコミュニティの合理化を試みた。アメリカでは育児、ソーシャルワーク、心理療法などの手引書が見られるようになり、集団を対象として統制が現れる。フーコーがとらえた「規律訓練」は、二〇世紀フォーディズムの到来によってはじめて一般化され、社会全体を象徴するようになった。心理学者や教育者、専門家が、子どもを社会化する実践を改革しようと提唱した。未来の自律的な自己規制する市民を育成することを目的として、母親には子どもの要求どおり育て、父親には折檻をつつしみ、教師には子どもの好奇心を促し、規則の合理的な理由を説明するよう迫った。これらの包括的なねらいは、個人を「主体化」し、個人に自己責任をもたせる手段として彼らの内面のプロセスの言語化を奨励し、それによって自己監視能力を増大させることだった。フォーディズム的規律訓練は外的強制を内的な自己規制に置き換えようとした（ナンシー・フレイザー『正義の秤』）。

本書について

ゆっくり過ごすことを真剣に考えると、財の配分や、それを支える知の配分の不条理、個人で働いて生活をまかなうというリベラリズム、その暴力を考えざるを得なくなる。カール・ポランニーが言うように、市場社会の実現とは人間社会の本性に逆らうプロセスであり、それを定着させるためには暴力の動員が必要なのだ。本書では、個人化を行う権力としてのリベラリズムを成立させた教育や福祉領域に分け入っていく。それらが規律権力論の生成の場として機能し、リベラリズムの系譜としてあることを見てゆきたい。

経済産業部門に直結する学校システムは、日本資本主義の特徴でもある。「機会の平等と能力主義」の結合体が、この日本資本主義の体制を維持してきたのである。子どもの問題は経済の問題でもあり

「支援」を超えて政治経済的構造や現代史を理解することが、これからの私たちにとってとりわけ重要だ。そのため、本書は、教職員や保護者、研究者、福祉関係者だけでなく、市民やメディアや政治に関わる方々にも読んでほしい。

個人化によって、従属的な地位の私たちが国民国家の主体となり、リベラリズムのなかで生きる。フーコーの「統治性」はリベラリズムに適用される言葉である。人々を生権力に駆り立て、生を保障する場をつくり、統治する。たとえば「自立支援」や「個別最適化」もその場をつくって統治が機能している。

フーコーは「市民社会の領域とは生政治の領域であり、経済の動態や発展を妨害することなく社会の分裂と破壊を防ぐことこそ……統治の基本的な役割」[13]だと言う。貧困問題は分配の工夫だけでは解決できない。私たちが、現在の体制の価値観を追認し、支配層と共有している限り、自分を統治する自発的搾取を通して、内外に抑圧をつくるだけだからである。

各章冒頭では、未来に向けて重要な社会思想家たちの言葉を主に紹介している。マルクス由来のナンシー・フレイザーやデヴィッド・グレーバーなどの理論エッセンスを知ることによって、現代の状況がとてもよく見える。

第1部では子どもと大人社会の現在を概観し、第2部からはより詳しい論文の形で説明していく。現在の私たちのふるまいはどのようにつくられてきたのか、経済史ともいうべき現代教育史を読み解きつつ整理する。第3部では、能力が個に還元される個人化の諸相について摑み、所得分配が正当化されているしくみをとらえる。第4部では、資本と教育の親密さについて理解しよう。終章では、より詳しくフーコーの理論について見取り図を示している。

　本書は、新自由主義の親であるリベラリズムが私たちの日常をいかに形作り統治を仕掛けているかを取り上げる。そして、子ども・若者や市民社会の原理を把握し、個人化の理論と歴史化を参考に、別の世界への展望を考察する。

第1部　子どもと大人の現在

第1章　子どもの現在

みんなが「正常なよい仲間」になろうとしたって、いじめは解決されない。仲間のなかで「異常」であることが許される状態だけが、いじめの問題を解決する。[1]

森毅「不健康のままで生きさせて」
『はみだし数学のすすめ』一九九四年

1．「大人は自由に考えられない」

「人生に正解も間違いもないのに、大人は失敗を恐れ過ぎてる。」

「大人は自由に考えることが面倒くさくなってる。」

高校生たちが、言葉を選びながらゆっくりと話してくれる。現代の大人へのメッセージについて話を聞いていたときの回答だ。

大人になると、人は気がつけば生活に追われている。あれをやらなくては、これをしておかなくちゃ、求められたらそつのない意見を言わなくちゃ、あの場では目立たないようにひたすら黙っておかなくては……など、自由にものを考え、のびやかに生きているとはとても言えない。みんないつも疲れていて、大人たちはとにかく忙しそう。あまり笑わない。目が死んでいる、と高校生たちは言う。

自由にものを考えることが面倒くさいと思っているのならばまだいい。多くの大人はどんなふうに自由にものを考えたらいいか分からなくなっている。

生きていく上でいったい何を大事にして、どんなふうに暮らしてゆけばよいのか。時間に追われ、情報はネットに溢れかえっていて、だからこそ、自分の気持ちが落ち着くような暮らし方について思いめぐらすことも、どこから考え始めたらよいのかさえ分からなくなっている。そうなると「自由」に考えるどころの話ではない。

自由にものを考えてみるということはなかなかに難しいことだ。また、これまでと少し違う角度からものを見るという自由な視点には想像力が必要だ。常識からいったん距離を置く。その方法を手に入れるにはどうしたらいいのだろう。たとえば人生の先輩筋からおそわったり、目からウロコのようなことを示す本にでも出会わないと、常識から自由になって自ら考える方法を身につけるのは相当に難しい。

大人だって大変なんだ。その通り。大人たちの日々から、子どもは人生への失望をいやおうなく贈られているように見える。残念ながら、大人たちのこの罪は小さくない。

大人は、人生には正解があるかのように子どもに向かい、示しがちだ。子どもが幼いときから、まずは子どもの潜在能力を見つけ、高めることが親の務めとか、子どもの学力を人並みにとテストの点に煩わされ、子どもに「寄り添って」いる。

たとえば、これからのグローバルな社会ではとりわけ上手な話し方が大事という価値観に、私たち大人は塗りこめられている。そんな一面的なことを進めているから、後述するＯＥＣＤプロジェクトなどを通して「コミュニケーション能力」競争の渦に突入し、話すのが苦手な子どもはどんどん排除され、能力格差が激烈になり、それが本人たちの経済格差にまで結びつくようなしくみを支えてしまうことになっている。ひいては市民社会全体が窮屈で不自由なものになっている。

さまざまな子どもを取り巻く局面を一つ一つ取り上げて、子どもや子どもを取り巻く事柄を考えてみると、私たちがどこに力を入れているのかがわかってくる。どこに力を入れさせられているのかと考えてみる。人が群れ関わりながら生きるなか、子どものふるまいをめぐり、そこにどんな意味があり、いかに理解し、大人は傍らで邪魔をしすぎずに暮らすことができるのか。私たちの未来を眺めながら、今ここにある現代の問題はなんだろう。

同調圧力と傍観者

日本では、小学校、中学校、高校と年齢が上になるほど、空気を読み大勢に順応してゆくようになる。経年変化だと、高校生は保守化の傾向も示す。それが大人になるということになっている。同調圧力で「傍観者」となってしまい、手も足も出なくなっている子どもが自責他害を加速させてしまっている状況も見てとれる。

人間関係のあれやこれやを体験する余裕が与えられず、子どもも保護者も教職員も「正しさ」にとらわれるがゆえに、同調圧力から自由になれない。この緊張が続くなら、残念ながら日本におけるいじめや異質を排除する人権侵害は止められないだろう。

児童虐待に関しても同様のことが言える。一九九〇年代後半、虐待対応件数よりも通報件数の方が急激に増えた。児童相談所は「虐待自体は急増していないが、通報・通告件数が急増し、通報を受ける側がパンク寸前」と悲鳴を上げた。これは日本教育政策学会でも報告された[2]。川崎市中央児童相談所における年次推移が示され、虐待の増加よりもむしろ通告件数が急増している原因には、子どもの権利思想の広がりがあるという。そして、第一に虐待への注目、第二に子どもを手厚く育てる傾向に伴う不安が指摘された。

隣の家で夜中に赤ちゃんが泣いていたら、「どうしたの？　大丈夫？」と声をかけ合ってきた日本の共同体は、今や「虐待かもしれない」と電話をする監視カメラの役割にとって代わっている。いじめで「傍観者」が増えるのは何を示しているのだろうか。隣に声をかけず通報するのは、いったい何を意味しているのだろうか。本章では、子どもをとりまく現在について、社会的な状況を踏まえて説明をする。

2. 校内暴力からいじめへ

一九七〇年前後、日本で「校内暴力」が誕生した。それはまるで伝染病のように全国に広がった。それまでにも子ども同士の喧嘩はあったが、子どもが集団で学校に対して牙を剥くという事態は、日本の学校にとって初めての経験だった。学校のガラスが次々に割られ、トイレのドアが破られ、壁にはぼこぼこと穴が開いた。やがて、廊下をバイクが通り、集団は荒れた。

反学校の象徴とされた尾崎豊（一九六五〜九二年）は、一九八三年にデビューシングル「15の夜」を出し、その詞は爆発的に流行した。尾崎が一四歳の時、髪が長いという理由で中学校教師がバリカンで友人の髪の毛を刈った。それに反発した仲間と共に家出した経験をもとに、この歌を作ったという。当事者である十代の尾崎が、全国の十代の中学生や若者を代弁することになったのだ。

落書きの教科書と外ばかり見てる俺
超高層ビルの上の空　届かない夢を見てる
やりばのない気持の扉破りたい

校舎の裏　煙草をふかして見つかれば逃げ場もない
しゃがんでかたまり　背を向けながら
心のひとつも解りあえない大人達をにらむ
そして仲間達は今夜家出の計画をたてる
とにかくもう　学校や家には帰りたくない
自分の存在が何なのかさえ　解らず震えている
15の夜
盗んだバイクで走り出す　行き先も解らぬまま
暗い夜の帳りの中へ
誰にも縛られたくないと　逃げ込んだこの夜に
自由になれた気がした　15の夜

一九八〇年代初めには「校内暴力」は由々しき事態として、国会でも取り上げられた。当時の山東昭子議員が、参考人として広島大学教育学部教授の沖原豊を文教委員会に呼んだのだ（一九八三年三月三日）。後になって広島大学の学長に就任する沖原は、幹部候補生を養成する陸軍予備士官学校から広島文理科大学教育学科に進学した経歴をもつ。沖原は一九八二年に『学校掃除その人間形成的役割』を編集し、翌年『校内暴力　日本教育への提言』という本を出している。校内清掃で子どもを管理するという発想の一つは、ここから来ているのだ。

現在でも、全国の学校で「無言清掃」や「黙働」というキーワードで、子どもを黙らせて掃除させることによって、落ち着かせるという手法が広がっている。それが子どもの魂を無力化することに気づかないのだ。「民主的」な学校では、無言清掃やブラック校則はおかしいという声があがり、自己肯定感を高める指導や授業を大事にする方向になっている。怒らない取り組み、できないなら無理しなくてもいいよというものだ。やらされるのではなく、「自ら楽しんでやる学習」「楽しくやろう道徳」などの実践が紹介されている。

一九八〇年頃に千葉県の小中学校に通っていた友人は、未だに生々しいと次のように話してくれた。「小学校のときの担任は個人攻撃がひどく、子どもながら嫌だった。攻撃された子どもの親が学校に伝えにいった後、ホームルームで『〇〇さんのお母さんは頭がおかしい』と話した。中学校になるとリーゼントをバシッと決めて中学校に来た友だち二人が、生徒指導担当の教員に連れていかれ、しばらくすると、見るも無惨な虎刈りで丸坊主にされて戻ってきた。どの先生も生徒を当たり前のように殴っていた。『跡が残らないから、殴るのはおなかがいい』と先生たちは言っていた。小学校のときの先生が変だと思い進学したら、中学校の先生はみんな暴力的だった。やがて黙働をさせられるようになった。」

校内暴力を抑えるため、いたちごっこのように校則が厳しくなり、管理教育は強まっていった。やがて、子どものいらだちを生むものへの想像力や分析が不十分なまま、子どもへの強い管理は鎮静化した。すべての学校が荒れていた訳ではないが、当時の校内暴力は、学校での指導を強めることによって表面的には収まった。後に、校内暴力は子どもからの社会に対する異議申し立てでもあるという見方が社会学的視点となった。やがて気がつくと、「校内暴力」として現れていたものが、「いじめ」というキーワードで摑まれるようになった。

一九八六（昭和六一）年、東京都中野区の男子中学生が自死した。日本で初めていじめ自殺として社会的に注目された事件だ。

集団のあるところには関係の葛藤があるが、いじめは子どもの自死にまでつながるような構造に変容し始めた。いじめられる側は徹底的に追い込まれ、自分自身を追い込み、生きている方が辛いと思うようになった。自分で自分を責め、時に他者を攻撃する「自責他害」のメンタリティが形作られる時代に入ったのだ。

子ども集団はなぜ、いらだちを増すようになったのだろうか。

学校における多くの自死

現在、家庭問題、地域問題も加え、方向はともかくとして学校はフル回転で取り組んでいる。学校も教育委員会も、子どもの育ちを支える体制だが、そのしくみは市民にはよく見えない。統計を確認しておこう。

二〇二〇（令和二）年の一年間に、全国で四九九名の児童・生徒が自殺をしている（警察庁）。全体

児童生徒の自殺者数

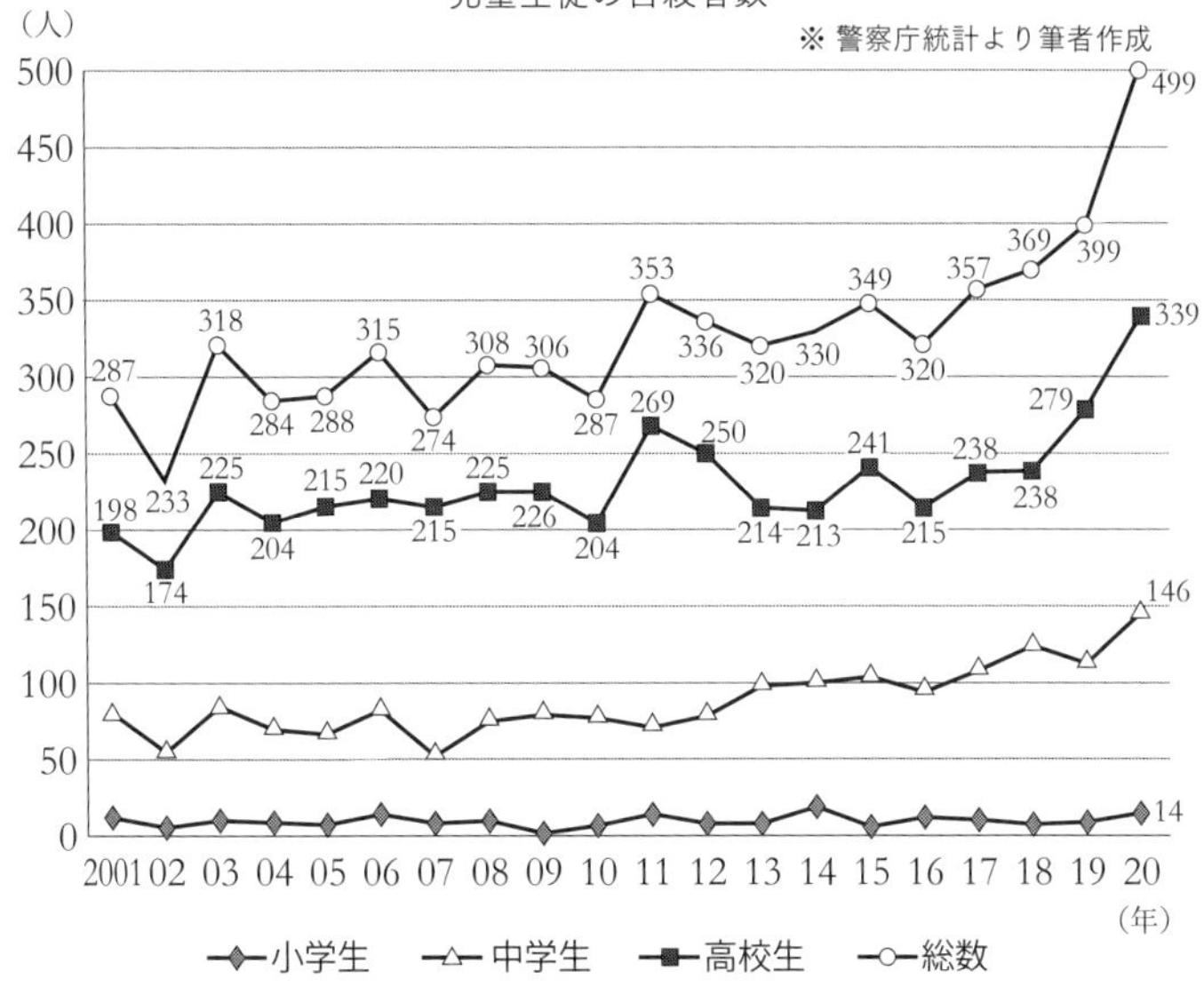

の自殺数は近年減少しているにもかかわらず、子ども・若者の自殺死亡率は増加をたどっている。教職員も九六名自殺をしている（厚生労働省自殺対策推進室「令和元年中における自殺の状況」令和二年）。

ニュースでいじめが取り上げられるが、家族にとって辛すぎる自殺のほとんどは表には出ず、私たちが思っている以上に学校に属する人々が亡くなるというこの状況は異常だ。

もう一つのデータは教職員だ。文科省が公表した令和元（二〇一九）年度公立学校教職員の人事行政調査によると、精神疾患によって病気休職した教職員は五四七八人（〇・五九％）で、前年度よりも二六六人増加した。

直近の数年間でみると、二〇一六年度は

四八九一名（〇・五三％）、二〇一七年度は五〇七七名（〇・五五％）、二〇一八年度は五二一二名（〇・五七％）と徐々に増加している。[3] これら教育に関わる現場のリアルな問題は、市民社会や政治の動きと連動している。

学校は、成長発達のために学力向上を、いじめ防止のために道徳教育を、という個人「化」に馴染む論理で集団主義教育の実践を続けている。学校に求められ、学校が強化している論理が、本当にこれからの社会に向け機能するのかどうか、その方向性を考える必要がある。

3. いじめのメカニズム

いじめやトラブルの「加害者」となっている子どもは、心構えの「指導」では自分で自分を抑えられない生活環境にあり、「他害」のメカニズムに陥っている場合がよく見受けられる。まったく気づかずに「加害者」となっている場合もある。実はそちらの方がやっかいだ。

まずは、どうして子ども集団がシビアな関係になっていくのかというメカニズムを理解する必要がある。加害者となり、人を傷つける「他害」のメカニズムとはどのようなものだろうか。

子どものいらだち

校内暴力を沈静化するための「指導」に、問題はなかったのだろうか。

当時は、先生と子どもの関係を強め、なんとか乗り越えようと、子どもの「荒れ」が目立つ地域の学校では教育を信頼し努力した。みんなで仲良くと、学校では班活動など集団主義の教育が流行した。一九八〇年代以降には、教育研究集会などのリポートにも、子ども集団の指導方法が報告されるようになった。子どものいらだちの原因は、彼らの自己肯定感が低いことにあるから、学力で自信をつけてやろうと理解されたのだった。先生たちは、個別指導などの学力保障を手厚く行った。

ただその時期、いじめや落ちこぼれへの対応だけではなく、そもそもどうしてそのような関係が生まれるようになったかを問うことが、本当は必要だったのだ。

初めて注目されたいじめ自殺事件の翌年、森毅は次のように言った。

○ほんとのところ、「健康」という概念が、ぼくにはあまり理解できていない。やせすぎず、ふとりすぎずとか、血圧は高からず、低からずとか、からだ中のあらゆる機能が、すべてにわたって「正常」であるというのが、ひどく奇妙な気がするのだ。どちらかの方向に逸脱しても、その形で生きていて、なぜ悪いのだろう。

○それに、「正常」というものが、「異常」を持たぬことでしか、定義できないような気がする。これが、自分にはなにかの「異常」があるのではないかと、つねに気にかけずにおれない、健康強迫症の構造ではないか。

○この構造は、みごとに「いじめの構造」と相同的である。集団のなかで、みんなが「正常」であらねばならぬ。それは、「異常」を探して、「異常」を排除することで、達成される。

○たしかに、世間の人がみな「不健康」だと、この社会がまわらないかもしれない。社会を動かしているのが、「健康」な人たちだというのも、ある程度は正しいかもしれない。しかしながら、この社会というものが、「不健康」をも包みこむことで、よく生きているのも事実である。社会が「健康」な人ばかりになったら、それは社会がやせていることでもある。

○みんなが『正常なよい仲間』になろうとしたって、いじめは解決されない。仲間のなかで『異常』であることが許される状態だけが、いじめの問題を解決する。[4]

森毅はアナキストだ。彼の言葉には含蓄がある。いじめは違いを認めることでしか解決できないという。では、個人が「違いを認める力」を身につけたらよいのだろうか。

さまざまな状況のなかでトラブルの「被害者」や「加害者」になってしまう子どもがいる。排除される理由などないにもかかわらず、たまたまいじめのターゲットになり、仲間から外される。「被害者」とされた子どもは、自分が悪いから自分のせいで外されると自己を責めるようになる。

学校は「みんな仲良く」と指導してきた。しかし、みんなと同じでなくても、「異常」に見えることがあってもかまわないと、果たして認めてきただろうか。自由なありようや意見に対し、それらが表現されるチャンスを与えてきただろうか。自分のペースで暮らそうとする子どもや「正常なよい仲間」に適応できない子どもは、自動的に学校で「浮いてしまう」。その集団の関係性がゆるやかでなければ、不登校になるか、命がけで学校に行くかしか選択肢がなくなってしまう。

学校に関わる大人たちは、その状況をどこまで理解してきたのだろうか。子ども本人の問題とされたり、多くの学校関係者は「家庭の問題」とすることで、現在に至るまで問題をたらい回しにしている。制度疲労している学校で、教職員の授業力を徹底的に高めることで乗り越えようとしている。

教職員や親は「よかれ」と思い、学力や体力の向上のために子どもの指導に力を入れる。「もっときちんと、さっさと、明るく……」。それらの価値観は子どもに内面化され、集団の序列化を強固に支えている。「うまくできない、話せない子は、ダメ」という価値観は、子ども集団の排除メカニズムのベースになり、スクールカーストを形作っている。

その価値観は、自分はダメだと自分自身を攻撃する子どものメンタリティを全国の学校で形成している。この排除のメカニズムを教職員や親たちが理解すると、いじめや不登校で苦しむ子どもはうんと楽になるだろう。落ち着きなくおしゃべりする人もいる。話を聞くのが好きな人がいる。それぞれがそれぞれなのだ。

一九九〇年代には、学校における指導の枠組みが、それまでの同和教育からさらに広く課題をとった人権教育へと新しくなった。さまざまな授業があちこちの学校で行われた。ところが、子どものいらだちは人権教育では対応できないことが明らかになってきた。ゆるやかに自分のありようが指導され続けるなかで、いらだちはいわば子どもの内部で生み出され続けている。学校における「指導」が課す規律を通して子どもを押さえ込むことはできても、子どものいらだち自体の改善・解消はできない。多くの小中学校教職員のリーダーシップをとってきた教員ＯＢが言う。「学校に来た子どもに『いるだけでいい』とはなかなか思えない。『教育しなくては』と思ってしまう。」

子どもや若者の気持ちを受け取りつつ、その時代の価値観や学校のありようとつなげる分析は少ないながらもある。ただ、それらは研究の上でも重視されず、学校を取り巻く価値観は問われないままだ。子どものいらだちは、今の自分のありようをよしとされず、指導し続けられ、改良を求められ続けることに関わる。それもそのはず、近代公教育とはそもそも「ありのまま」を許さないシステムだからだ。近代公教育が暴力的であるということに、学校や教育行政は驚くほどに無自覚なのだ。

学校スタンダード

都内の中学校で、三〇分以上遅刻した生徒がいた。五〇代の教員が、職員室で事情を聞いた。「実は母親が夜の仕事をしている……」。教員を信頼できると思ったのか、生徒はぽつりぽつりと身の上を語り始めた。

そのやりとりを、三〇代の生活指導担当教員が遮った。「遅刻したのは事実。『スタンダード』に反しているのだから、早く反省文を書かせればいいじゃないですか。時間の無駄です。[5]」

悪名高い「無言清掃」が一定程度、全国の学校現場にゆきわたり、「立ち止まり挨拶」という指導も流行っている。子どもが教員と出くわすと、①「気をつけ」をし、②教員の目を見て、③笑って挨拶するという一連の流れを、福岡の学校で教えてもらった。話してくれた教員は「ちょっと気持ちが悪い」と呟いた。市民社会では行き過ぎと思われる指導が、現場に着々と導入されている。

学校は、挨拶や整理整頓、日常生活の基本といわれるこれらの「ふるまい」を教える。それが高じて、時に「徹底」されて、ブラック校則や、学校で一律にふるまいを決めるスタンダードになっている。

実は、そうした「ふるまい」のスタンダード化は、道徳教育をめぐる歴史に関係している（第4章参照）。戦後の教育研究で一貫して指摘されてきた道徳教育批判の多くは、愛国心教育であった。しかし、道徳の方針や目標を注意深く読んでみると、もっと深層があることが見てとれる。

きちんとした所作を身につけるという暗黙知がその核心であり、それを求めたのは日本が国家として経済成長することを睨んだ資本主義社会であった。個人それぞれの事情よりもビジネスライクな「きちんとしよう」という資本制の秩序である。利潤を追求する資本主義は過剰になり、政治学や社会思想の分野では末期に入っているという指摘が広がっている。資本主義とともに近代学校も末期に入っているようにも見える。

きちんと主体的に従属させ、資本が収奪しながら飼い殺すように働かせる安価な労働者が増え続けている。一％の超富裕層が社会をコントロールする構造があからさまになっている。そのなかで、学校の「スタンダード」は自発的に従属する国民をつくるために用いられている。結果、教職員もやりがい搾取のなかでこき使われ、安価な労働者として自ら位置づくことになる。子どもと教員が葛藤している場合ではない。

子どもの意見を聞こうとか、人権教育を行おう、ではもう収集がつかないくらい、学校現場は格差社会の縮図と化している。貧困、外国にルーツをもつ親子、個人化、エリート志向などを、子どもや教員の自己責任の問題にしてはいけない。

4．学校の「枠」をつくりだすもの

能力を用い、労働すれば報酬を得られ、生存のためには自立能力が必要条件となる資本主義社会は能力と所有の論理に支配されている。学校と社会、教育と労働過程は、資本主義社会の原理によって固く結合している。

考えてみれば、学校のなかで校則を徹底させるのも、多忙化も、時間や人手不足のなかで効率よく働くという周りからの要求であり、それを内面化した自分の価値観にコントロールされて私たちは日常を生きている。それは、教員にとっても子どもにとっても人権侵害に結びつくような暴力的な働き方であり、その基盤には能力に応じて将来が決まるという能力主義の学校の論理がある。ここは一つ、子どもにとっても教員にとっても人間らしい生き方へと価値観をひっくり返す方向性が求められているのではないだろうか。

教員たちは、子どもが自由にのびやかであるのは大事と思うのだけれど、周りの学級とどうしても比較してしまい不安になるという。五〇歳のベテラン体育教員は、学級を自由な雰囲気にしてしまう自信がなくて、自分でも神経質すぎると思うと話してくれた。そこで気がついたのは「指導力不足教員」政策である。新自由主義の哲学である「分断して統治する」お手本のようなこの政策は、二〇〇四年にはすべての都道府県教育委員会で制度化された[6]。これは、全国の教職員に対して想定以上の効果があった。自分が逸脱していないかと絶えず自分で自分を統治する、フーコーのいわゆる「規律権力」で、日本の学校は充満したのである。子ども以前に教員が政策を通して影響を受けていたのだ。

子どもは、時代の秩序と規律のなかで絶えず価値を決められ、「正常」以外の生き方はやんわりと時にはっきりと拒否され、無意識のうちに自己規制してきた。自分が自分でいることは許されないような気持ちに追いやられ、自分の存在を認められなくなり、不安が作り出される時代が高度経済成長期、一九七〇年代前後から強化された。一九七〇年代には「企業戦士」と「教育ママ」という造語ができるなど、急激に家族が教育や業績に多大なエネルギーを注ぐようになった[7]。高度経済成長期の特徴である、教育に大きな関心が傾けられるようになり、教育爆発といわれる時代が「落ちこぼれ」を生みだした。

日本の特徴的な「落ちこぼれ」のメカニズムを考えてみよう。落ちこぼれるということは何らかの枠組みが前提となる。枠からこぼれ落ちたものが「落ちこぼれ」だからだ。注目されたのは「落ちこぼれ」それ自身なのだが、「枠」の存在はそれほど意識されてこなかった。本書で一貫して問おうとしているのはこうあるべき、こうでなくてはいけないという「枠」の方であり、それがいかに社会的、つまり政治経済的に構成されているかを考える必要があるのだ。

学校で、教職員は決して児童・生徒を排除しようなどとは思っていない。しかし、「枠」を基準に実践を行うのが学校であり、そうすると枠からの「排除」はもれなくついてくる。たとえば、学力向上や規律指導への熱心さは、認識されないままに学校をとりまく子どもの世界に排除の構造を形作る。

中学校教員であった矢定洋一郎さんによれば、「息づまるような（つまらなくても、唯一絶対的な）授業内容、そして、断固たる評定、受験へのプレッシャー、行事へのクラスアイデンティティーの強要、同じ年の人間が、同じ空間で、同じことをやらされることからくるストレス、人間関係のギクシャク、憲法を逸脱した拘束による管理などなど、様々なことが微妙に絡まりあって『登校拒否』の要因、きっかけとなっている」[8]。

次のような話も、子どもからたくさん聞かせてもらった。

> 突然、部活に行けなくなり学校も休みがちになった。さほど仲良くない友人と一緒に居たり、休み時間の雰囲気などささいなことが重くのしかかった。担任が辛い思いを聞いてくれたが、がんばろうと言われた。完全に不登校になり、親にはどうして行けないかと聞かれる。けれど自分では理由が分からない。がんばって教室に入っても、座っているだけでしんどくなる。

学校に行かない子どもだけでなく、その構造をリアルに体感している子どもは、自分の存在自体が自分で不安になり、自分を責めたり、時に他者に攻撃的になったりすることもある。「枠」が強固になるほど、学校で暴力が頻発する。辛いのは排除されることになった子どもだけではない。礼儀正しく明るく見える大学生たちも絶えず焦り、自分に満足していない。

他ならぬ自分が自分自身を強固に管理し、何でも抱え込んでしまう生き方をやめられなくなっているとき、助けてくれるのはなんだろう。森毅によると「『異常』であることが許される状態」である。インフォーマルな価値感である。自由で好き勝手にやっている誰かが、できれば複数いることで「枠」から解放される糸口が生まれる。ここで重要なのは、森毅のような発想を「心構え」として教育的に現場の実践としてしまうだけにとどまらないことだ。近代社会の枠組みへの問題を脇に置き、実践だけを行うことは現実の構造を強化してしまうことになる。たとえば、学校化社会への問題意識は共有されているだろうか。本章の最後に、イヴァン・イリイチの視点を紹介しておこう。

イリイチの「脱学校の社会」とは

社会全体が学校のように、能力が判断の中心にくるような個人化や評価などの論理によって貫徹されることを学校化という。学校化は、個人化、規律権力、生権力といった概念を支え、社会全体を促進させる装置である。『脱学校の社会』のイヴァン・イリイチによる「脱学校化」がよく知られる。

近代社会批判を展開したイリイチは、次のように言う。[9]「学校による教育の合法化は、すべての非学校教育を、あからさまな不行跡とまではゆかないまでも、一種の事故扱いとしがちだ。」これは、学校があるべき教育の価値を占有するということである。近代になり法律が作られ、制度としての学校が成立してからというもの、学校外での教育や子どもの活動の関係や経験を豊潤にする価値は地に落ちた。

さらに、「学校の評点で等級付けする方式を続けた場合、そこから引き起こされる大量の人間差別を究極的に正当化できるのは、そのシステムへの心酔が生み出す狂信だけである。」学校制度を狂ったように信じることとは、学校での評価がつくりだす差別を正当化しているのである。

イリイチがメキシコで設立した国際文化形成センター（ＣＩＦ）は、六七年にはラテンアメリカと産業制度を研究する場「国際文化情報センター」（ＣＩＤＯＣ）へと改組された。このセンターでは、世界的な知の交流が行われたが、彼は「一九七〇年までに、私たちは次のことを明らかにした」という。[10]次の彼の指摘は現在、ますます的を得たものだ。

大衆教育の生産と市場商品化という代案は、学年編成の義務的学校よりも技術的には実行可能だが、倫理的にはよりたえがたいものである。こういう新しい教育的配置は、富める国においても貧しい国においても、伝統的な学校制度にいまやとって替ろうとしている。それは産業主義的経済における就業者と消費者を条件づけするうえで、潜在的により効果がある。それゆえに、今日の社会を管理するうえでより魅力的であり、国民にとっても誘惑的であり、気がつかぬうちに基本的な諸価値に破壊的な影響を及ぼす。

イリイチは、市場的な価値に換算できない満足が社会全般に失われていく現象を計算する有効な手段を、経済学者はもちあわせてはいないと述べ、「貧困の現代化」をめぐり、次のように言う。[11]「ヴェネズエラが、商品と見なされる『住宅』を獲得する各市民の権利を立法化した日、そのために、全国の家庭の四分の三が、自分たちの手で建てた住まいが掘っ立て小屋の地位に下落してしまう悲哀を味わったのであった。さらに――これは皮肉な不幸なのだが――いまや自分の手で家を建てることは偏見をもって見られるようになってしまった。」彼は、私たちの常識となっている、近代の「市民的権利」の功罪を指摘している。

日本の子どもは、年齢が上がるほど従順、あるいは沈黙するようになった。高度経済成長期に起こった校内暴力はいじめへと表出方法が変わり、子どもの自殺の増加に結びついている。学校では、教える内容や徹底度が増し、多忙化で余裕がなくなり、合理的な指導として学校スタンダードなどが広がっている。これらの構造をつくりだすものは、生存のためには自立能力が必要という資本主義社会の能力と所有の論理なのだ。

第2章　大人社会の現在

日本は（大東亜：筆者）共栄圏の建設に成功しなかったが、その計画の目的はいくつかの教訓を与えることになった。それはそのまま、この地域に対する現在の日本の外交、経済政策として実行されている。なぜなら共栄圏構想は日本の帝国主義、人種差別主義、国家主義、そして資本家の拡張主義が持つあらゆる根本的要素を体系化したものだからである。

レナト・コンスタンティーノ
『日本の役割』一九九二年

1. 暴力に吸い寄せられる

私のような経済弱者は、窮状から脱し、社会的な地位を得て、家族を養い、一人前の人間としての尊厳を得られる可能性のある社会を求めているのだ。それはとても現実的な、そして人間として当然の欲求だろう。

そのために、戦争という手段を用いなければならないのは、非常に残念なことではあるが、そうした手段を望まなければならないほどに、社会の格差は大きく、かつ揺るぎないものになっているのだ。

戦争は悲惨だ。しかし、その悲惨さは「持つ者が何かを失う」から悲惨なのであって、「何も持っていない」私からすれば、戦争は悲惨でも何でもなく、むしろチャンスとなる。（略）だからこうして訴えている。私を戦争に向かわせないでほしいと。

しかし、それでも社会が平和の名の下に、私に対して弱者であることを強制しつづけ、私のささやかな幸せへの願望を嘲笑いつづけるのだとしたら、そのとき私は、「国民全員が苦しみつづける平等」を望み、それを選択することに躊躇しないだろう。（赤木智弘「『丸山眞男』をひっぱたきたい――31歳フリーター。希望は、戦争。」『論座』二〇〇七年一月号）

雇用の受け皿が小さくなり、労働条件の悪化もあまり改善されない。悲惨な状況を強いられてきた若者の一部は「戦争」や「他害」に吸い寄せられてきた。本章では、彼らのような在り方を生み出す社会的な雇用の状況と教育の関係に注目したい。

現在の教育政策では、一連の教育再生推進として、学力向上や道徳教育重視の個人モデル、つまり自己責任モデルが強化されている。前章で述べた「枠」である社会的な状況を問うことはない。問題は「落ちこぼれる」子どもであり、家庭であり、学校現場であるとされているのだ。

「無敵の人」生産システム

二〇一三年に、法務省の機関である法務総合研究所が「無差別殺傷事犯に関する研究」をまとめた。[1]戦後、日本の殺人事件の件数は一九五四年の三〇八一件をピークに、その後は減り続けている。一方で殺人の「原因・動機」に注目すると、一九九八年には第六位であった「動機不明」が、二〇一一年には第三位に上昇し、動機の分かりにくい無差別殺傷事件が目立つようになっている。二〇〇一年の大阪教育大付属池田小学校事件、二〇〇八年の秋葉原無差別殺傷事件、二〇一六年の相模原障害者施設殺傷事件、二〇一九年の京都アニメーション放火殺人事件などだ。

無差別殺傷事犯者ばかり五二名を取り出した調査によると、無差別に殺傷を行った者は、女性一人をのぞき男性が五一名だ。彼らの特徴は交友関係が希薄で就労状況・生計状況が厳しく、自殺を企てた人の比率が多く、犯行時の人との付き合いも少ない。報告書は「無差別殺傷事犯者が社会的弱者である一面が強く示されている」と指摘する。公的に、社会的弱者が加害者になっていることが示されている。

無差別に人を殺すなど、あってはならない。被害者の家族はどんな状況に突き落とされるだろうか。かけがえのない人を突然失ったとき、人は空っぽになり生きていくことを投げ出したくなることもある。裁判が生きる糧になり、憎悪が生きる力になることもある。いじめでわが子を失った家族も同様だ。私が公的な個別救済機関で話を聞いたり、ネットワークでお目にかかったたくさんの家族たちは自分たちの気持ちを教えてくれた。残された家族は、生きていること自体がとても辛い。

一方で、加害の側の「加害者問題」にじっくりと向き合ったとき、快楽のように加害を行ったように見えさえもする彼らが、追い詰められて事件を起こさざるをえなかったメカニズム「加害者も被害者である」状況が見えてくる。被害者をつくらないために、私たちが知っておいた方がいい原理的な問題が立ち上がってくる。

危機的な時代には、暴力行使の可能性が増大する。それは、政治的指導者にとって絶好の機会で、「社会のためにもっとも良いことを行う」という口実で、「自分を苦境におとしいれたと考えられるグループの人々に対して、憎しみや軽蔑を向けても良い」という許可を与える。こうして外国人が差別され、失業者が「怠け者」とののしられ、自分の病気もお年寄りも、「困った社会問題」とされ、厄介払いさせられる。

　このようにして人間は、戦争に加担させられる。そこでは信じるに足りる「敵対者像」と「何が正しいことかを明らかにするイデオロギー」が、確実に作り出される。[2]

人間関係も社会的地位もなく、失うものが何もないから罪を犯すことに心理的抵抗のない人間をネットスラングで「無敵の人」と言う。私は全くもって彼らのことが分からないとも思えない。というのも、子どもから話を聞かせてもらい、動いて個別具体的な改善を行う「個別救済」と、そこから導く「制度改善」の活動に長年関わってきたなかで、排除されている子どもも元気そうな子どもも同様に、人間関係と評価に気力を奪われている現実を目の当たりにしてきたからだ。

　能力や学力向上に関心が集中する現代社会では、すばやく仕事をこなせる人間に価値があるとされる原理ゆえに、マイペースな子どもや、大人しい、コミュニケーションが得意ではない子どもが、時に悪気無く排除され、自分で自分を責めつつ生きる日常を背負わされてしまう。残念ながら学校や学校的な価値観を有する学校化社会は、たとえばハキハキと話すのが苦手な子どもの一部に対して「無敵の人」生産システムとして機能している。

2.「依存」や「生きづらさ」の使い方

二〇〇〇年代以降の子どもや若者を取り巻く状況の特徴は、一言でいうと自己責任論の台頭だ。厳しい雇用状況が子どもや若者を直撃しているにもかかわらず、子どもや若者に求められるのは自己責任であり、彼ら自身もそれを常識として受け入れるようになっている。彼らは自分ではどうしようもない状況をも、自分で、あるいは精神力で乗り越えるものだと思い込んでいる。おかしいと思ってもまずはその気持ちを表現することさえ抑え込んでいる。表現するのではなく、感じたことをなかったことにしなければならない。このしくみ自体が構造的な暴力であり、自発的搾取、つまり自分で自分を搾取しているともいえる。

これでは、「生きづらい」と個人の問題にされた事柄を社会的な課題とし、知恵を集めて状況を改善するという具合にはいかない。怒りを抑えるための「アンガーコントロール」や「トラウマ・インフォームド・ケア」などの方法論の広がりは、社会的改善よりも、個人の心構えやケアを中心に生き延びるという時代を映しているようにも思われる。

長年実践を行った上で『「心の専門家」はいらない』を執筆した小沢牧子さんは、アーティストの小沢健二さんの母でもある。彼女によれば、「『生きづらさ』という言葉を使ったら社会的責任を問えなくなる」[3]という。

小沢：「生きづらさ」を氾濫させて、嘆きあう気軽さもわからなくはないんだけど、そこで終わってしまっては何も変わらない。ちがうんじゃないって言いたかったんです。……

「生きづらさ」とひきかえに「いやなことはいや」を流行らせたいな。「生きづらさ」がこのぐらい流行ってしまったんだから、やっぱりそれに対抗する言葉の一歩というのは「いやなことはいやと言おう」でしょう。それっておかしいんだよという人数を増やしていくしか方法はないでしょ。

編集部（伊藤書佳：筆者補足）**：**生きづらいという人のまわりにいる人は、その人が生きやすくなるようにどうしたらいいかというかたちでそばに居る人が多いと思います。生きづらくさせる社会をいっしょに変えていこうという人がほとんどいない。

小沢：だから、「支援」という言葉が向こう側からちょっとでも出たら、すぐ「支配よね」と言い換えていきたい。聞き逃さないで。ひねくれてるって言われようがとらえ返し言い換えていこうと私は思います。いやがられてもね。

「生きづらさ」は個人化を前提としており、「支援」は支配的要素を含む言葉なのだ。

近年になり、子どもの貧困や格差がテーマとして浮上するなか、私たちはようやく教育と労働について考える場を得たばかりなのだ。

一九八〇年代、現在の「派遣労働」に先立って、社会的必要労働時間の急激な縮減を、労働市場を通じてグローバル資本主義的にマネージメントする戦略が展開した[4]。たとえば、「ノマド」と言われる、時間と場所にとらわれない働き方だ。この「自律的労働」は大企業に緊密に従属していて、生産コストカットの安全弁になっている。これは、企業の生産コスト負担の一部を免れるためのひとつのやり方であり、自律的労働が自発的搾取と重なっているのだ。

個に還元しない能力論

人的能力開発政策が強化した近代の能力主義、それが導く自己責任論は、本人の能力や努力に問題を矮小化し、社会が協働する意味や契機を奪っていった。生まれつきの格差があり、機会の平等はありえないなかで、貧困層は教育費用を得るうえでも不利な条件のもとにあり、それがさらなる格差を再生産している。子どもの教育への関心、能力主義の支持は、自己責任論が社会に広がる効率的な方法であった。

今日、保護者や行政機関が、子どもに求めていることは、能力主義＝自己責任論に基づく私的財産の獲得競争であり、勉強であり、結果、人間関係の希薄化だろう。ヨーロッパにおいても同様の論理である。就労支援の結果、外れたものは自己責任として処理されている。

国家の過剰なまでの就労促進政策「にもかかわらず」職につくことのできない者、あるいはそれに代わる社会活動などに参加する意欲がないとみなされた者は、その結果について責任を問われたうえで、最終的には福祉国家から排除されるほかない。そこでは失業はもはや「社会問題」ではなく、個々人の「モラルの欠如」の結果として個別に解釈されていく。……まずは労働市場に「参加」することが当然の前提となっているのだ。[5]

能力が個に分断されることで、人々には共同性が見えにくくなった。今、社会の先行投資として必要なのは「個に還元しない能力論」なのだ。

たとえば、次のように指摘されている。「能力のある者だけがよい学校に入学でき、よい就職口にもありつき、充実した生活を満喫でき、高収入を得る、という日常的光景を当然視していくのが能力（差）の個体所有観であり、これによって、能力は関係的にのみ存在するという事実が隠されていく」[6]。

教職員は、子どもと教育や社会について関係的に考察する契機を与えられている。それは、教育実践がもつ支配者性を認識したうえで、学校が「学力を叩き込む」ことから自由になり、人々の現実生活に沿うような機能に開かれてゆく可能性があるということではないか。それは、個に還元しない能力論を学校が保護者や地域と共有することではないだろうか。「地域との連携」はお題目のように、あちこちの報告書で花盛りだが、連携をすればよいというわけではない。自己責任論を広げるような連携ならしない方がずっとましだ。

「学力を上げるしかない」と教職員が感じる状況が生じるのは、個に還元した能力論で所得格差が正当化されているからだ。「不平等な配分の正当化」に教育が用いられている。学校の成績が個人の人生を支配している現実が変わらない限り、子どもや私たちの生存問題が根本的に改善されることはない。

どうして不平等な配分の正当化に教育が結びついたかについて理論と歴史で把握していこう。無自覚のうちに人を追い詰め、自分をも責めるようになる自己責任論と教育という装置がからみあっているしくみについて考えてゆこう。

3．「成長と競争」という常識

日本では、不況が続くなか、企業が自らをまもるために非正規労働を増大させてきた。二〇〇一年、小泉純一郎首相は内閣総理大臣になり、所信演説で「自己責任原則」への取り組みを表明した。政治ではタブーにされてきた「自己責任」が使われるようになった。自己責任化は、雇用状況を悪化させているシステムや構造への批判をかわす装置として機能しただけでなく、経済的自立というパイから排除された人々自身の「自責」を育ててきた。とりわけ日本の子どもは「自分はだめな人間だ」と思うようになり、彼らの生は損なわれてきた。

子どもからの強烈な反論

少し前に、大阪にある不登校の子どもの居場所であるフリースクール・フォロを訪問すると、子どもたちがつくった十カ条が壁に貼られてあった。印象的な一つがこれだ。

「一、腹が立ったら暴れよう！」

私は感心した。ある意味、自分を閉じ込めざるをえずに生きてきた仲間への赦しと救いがあるように思った。自責を増幅させ、我慢し自分をコントロールするあり方に対して、子どもからの強烈な反論のメッセージが込められている。今、子どもや若者は辛いときに辛いと言わなくなっている。弱音を吐くのは自分が未熟だからとされている。生き延びることは、精神的に追い込まれながらのサバイバルだ。たとえば、自己責任論は、「自立支援」という名の下に「自立するなら支援する」という脅迫めいたメッセージを発するからだ。[7]

経済的に苦労している子どもへの支援には、現金が提供されるのではなく、就学や就職への機会が提供されている。機会を奪われているから、機会を与えよう。そこで力を出しなさいという支援は、彼ら・彼女らに機会を与えれば、がんばることができるだろうという自立支援だ。苦労している子どもは、精神的にも社会関係的にも安定を奪われているという現実の見立てができていない。ケースに関わっている者ならば当たり前に経験するこの見立てや想像力が政策に欠落しているから、機会を提供しようという方法になる。

排除されてきた人々がそれぞれに気持ちよく生きられるよう、彼らを排除しているものを問い、暮らしやすくする、という話にはなっていない。では、彼らを排除しているものとは何だろう。

順位が高い方がえらい、有能と考える思想は近代化のなかで形作られてきた。そこで生まれた「能力主義」は家庭と学校を覆ってきた。社会の緊張と多忙化を促進し、人々の関係を変容させてきたのだ。ジョック・ヤングは「他者化と排除の悪循環」[8]という問題を指摘する。

「他者化」とは、たとえば中産階級の自己中心主義だ。今ある自分の暮らしや存在は自分だけで獲得したもので、現実の社会とはかかわりないという信念だ。それは、「あなたがもっと安くもっと便利に食べることができるために」、「誰かが生活できないほどの低賃金で働いている」という構造が見えていないことを示しているとジョック・ヤングは指摘する。

百円均一の市場が成立しているのは、徹底的に安価な人件費がそこにあり、その人件費に甘んじざるをえない誰かがいるということだ。でも、私たちは百均ショップでその誰かに想いを馳せることはしない。さらに、人件費が安く買い叩かれるということは、実は構造的に自分の人件費につながっているにもかかわらず、私たちにはその現実が見えていない。

しかし、現代社会ではその悪循環が「常識」として動いている。たとえば、「グローバル化　日本の進むべき道は」という対談記事で、当時ベネッセホールディングス副社長であった内永ゆか子氏は次のように述べている。

「日本は食料やエネルギーを買うために外貨を稼がないといけない。ほどほどでみんなで楽しくとはいきません。」[9]彼女は、二〇一三年には男女共同参画社会づくり功労者内閣総理大臣表彰を受賞している。

それを受け、東大大学院教授の高山博氏は「今の生活水準を維持しようとすれば、国際競争力のある人材を育成するしかない。厳しい教育を行い、質の高い労働力を生み出す。それが日本の最優先の課題だと思う」と言う。

この議論の背景には、富国強兵の思想がある。国が勝つためには国民が頑張るしかないという懐かしいお話で分かりやすい。しかし、社会構造的な問題は彼らの視野に入っていない。残念ながら、個人の責任で、個人の教育重視で乗り切ろうとしてきた市民の多くは、この対談の価値観「個人化」を常識として支持している。

成長と競争の徹底に伴走された個人化という思想は、教育現場をさんざんに荒らしてきた。学校も家庭も教育責任を強め、子ども自身は意欲がなくてもテストの点数はかせぐというスタイルを学習してきた。違和感を感じる子どもは不登校で命をつなぐしかなくなる。最近は、その現場に「満足している」という若手教員たちに出会うようになった。教育における個人化と経済がどうつながっているか話されることもほとんどない。つながりが見えにくいのだ。

4. 経済的共栄圏と植民地化

フィリピンを代表する歴史学者レナト・コンスタンティーノは『日本の役割――東南アジア6カ国からの直言』で「共栄圏からパックス・ニポニカへ」を書き、冒頭のように現代日本の富国強兵思想を指摘した。

日本は（大東亜：筆者）共栄圏の建設に成功しなかったが、その計画の目的はいくつかの教訓を与えることになった。それはそのまま、この地域に対する現在の日本の外交、経済政策として実行されている。なぜなら共栄圏構想は日本の帝国主義、人種差別主義、国家主義、そして資本家の拡張主義が持つあらゆる根本的要素を体系化したものだからである。[10]

日本では、六〇年代後半から高度経済成長に伴う労働力不足、賃金コストの上昇、地価高騰による工場立地の難しさ、海外投資の自由化がとられたことを背景に、開発途上国への投資が急増した。国内での企業規制の強化で操業が困難になった公害を発生していた企業は、東南アジアへ工場を移転させた。

日本の五大鉄鋼メーカーの一つ川崎製鉄は、フィリピンのミンダナオ島北部、カガヤン・デ・オロ地区に隣接するビラヌエバに一四四ヘクタールの土地を確保し、ここに総工費六二〇億円をかけて年産五〇〇万トンの焼結工場と二〇〇万トンの鉄鉱石貯鉱場を建設するため、一九七四年からその工事に着手した。これほど大規模で、しかも製鉄工程のなかの焼結部門だけを海外に進出させることは、日本鉄鋼業界でも初のケースであった。その内容は、異例の一〇〇％投資の認可と、用地を極めて安い価格（最初の三年間は一平方メートル当たり五〇センタボ〔約二〇円〕、次の三年間は六〇センタボ〔約二四円〕）で二五年間提供することであった。そして、この土地は、一四六世帯約二〇〇〇人の居住者の強制退去によって用意されたものだった。

川崎製鉄のフィリピン・ミンダナオ島の工場進出は、国会で取り上げられた[11]。一九七七年五月二六日の衆議院外務委員会・多国籍企業等国際経済に関する小委員会で、寺前巖委員が次のように指摘した。資料として用いたのは、上智大学経済学部教員でカトリック神父の山田経三さんの論考「戒厳令下の日比協力──マルコス体制支える川鉄進出[12]」である。「一九七五年二月、はじめてミンダナオ島のカガヤン・デ・オロ市を訪れた私は、川鉄の敷地周辺に住む人々から強制退去当時の模様を聞かされ、問題の重大さに驚いた。」国立フィリピン大学に留学していた筆者も、山田神父からこの話を聞かせてもらった。

この焼結工場というのは公害企業であって、日本ではやっていけないのでフィリピンへ出ていっているのだということを公然と会社側自身が言っているという問題があるわけなんです。時間が長くなりますので省略しますが、これは公害訴訟の進行中、訴訟の中で川鉄側の回答として出ているものでもあり、川鉄側が出したところのパンフレットの中にも「六号高炉用の汚ない焼結工場はミンダナオ島に持っていくから心配ない」という発言から見ても、公然と他国に公害をばらまきに行くということをやっているわけです。

「外務省は外交上の問題があるでしょう、大蔵省は金の問題があるでしょう、通産省は具体的に企業の進出、公害のたれ流しをしに行く問題があるでしょう。それぞれの所管省としてこれについての説明をしてほしいと思うのです」という質問に対し、大蔵省国際金融局投資第三課長は次のように答えた。

投資許可につきましては日銀の自動許可という体制になっておりまして、当然その事業計画、事業目的等は当該企業から日銀としては聴取するわけでございますが、それは事業のフィージビリティー、すなわち事業として十分成り立つという観点からの聴取が主でございます。

川崎製鉄は当時、日本国内で大気汚染による公害訴訟を抱えており、その第一回公判で次のように発言した。

焼結工場は、千葉製鉄所のような一貫製鉄所においては欠くことのできない設備であるが、製鉄所の中では大気汚染物質を最も多く発生させる設備である。そこで、川鉄としては、第六溶鉱炉の新設に伴い必要となる新焼結工場を、あえて千葉製鉄所には建設せず、荷役、輸送に伴う焼結鉱の粉化を防止する技術を開発するなど多くの難点を克服することにより、海外に建設することにした。

また、寺前が紹介するように、千葉県知事に対して、川崎製鉄は社長名で「第六よう鉱炉および同関連施設の建設について」という文書を出し、「基本計画」として次のように記している。

しょう結工場が、ＳＯｘ、ＮＯｘの主要発生源であることを考慮して、排煙、脱硝技術が開発されるまで、しょう結工場の増設は行なわず、必要しょう結鉱はフィリピンに建設する海外しょう結工場の製品によって充当する。

国際間の資本移動をできるだけ制限を加えず自由に行うＯＥＣＤの資本自由化が進行するなか、国内で汚染が問題となる工程は海外に移すという日本企業の姿勢が表明されている。川崎製鉄が一〇〇％出資したフィリピン・シンター・コーポレーションは、一九七七年に操業を開始した。操業時の排ガスで、七〇〇人に上る公害病患者が発生したと地元の市民グループは報告している。これは日本の企業や政府、市民社会の問題であると同時に、開発経済のためにそれを許容した相手国のエスタブリッシュメントの問題でもあり、それらは、グローバル資本による人間や地球の収奪を常態化させる現代を導いた。

たとえば、サンドロ・メッザードラは「ロジスティクス」という概念を使い、現代資本主義によって、運輸・交通システム全般に襲い掛かった変容を述べる。天然資源や人間の社会的協働の採掘――採取という採掘主義を結び、今日の資本主義のもっとも特徴的な趨勢と述べる。[13]「採掘主義」とは、採取・採掘活動の拡大と激化に支えられた経済・政治・社会構造の大まかな特徴を捉える一つの方法である。[14]彼は、ロジスティクスを移民との関係にひきつけて次のように言う。[15]

移民マネジメントのミッションというのは、移民労働者の正しい量を、需要が示されたタイミングで、正しい場所に供給する能力にあるのではないかということです。さて、この移民マネジメントの定義が、人的資本の理論を根拠にした新自由主義の定義にとても近しいものであることは明らかですね。これがロジスティクスのひとつの定義であるわけです。

ここにも教育と経済のつながりがある。日本の教育では前提とされてきた人的資本論が明快に批判されている。

現在、日本や世界では、気候変動の問題で大きな危機に直面していることがようやく気づかれるようになった。しかし、高度経済成長期に、環境を汚染することがいったい何を招くかという想像力も持たず、開発を進めた事実に筆者は立ち会った。フィリピンでは、日本の商社が輸出する立派なバナナの生産のため、労働者たちが農園で農薬まみれになり、皮膚炎を発症しながら働いていた状況も告発されており、筆者はグローバル企業の冷酷さをフィリピン民衆の側から聞き取った。高度経済成長期にアジアを植民地化し安い労働力を収奪していた日本は現在、国内に技能実習生という植民地化構造を招き入れるようになり、三・一一以後はとくに原子力発電などの地方の植民地化という構造も顕在化するようになった。

5．人々より経済

日本のみならず、近代国家が抱えてきた中央に財を集め収奪する植民地システムの仕組みが露出してきた。国際的な資本の民間企業と国家がグローバル経済を統治しているという構造がある。そこが人々の仕事の配分も決めている。守られているのは、外国の投資家や国際的なマネー投機家、多国籍企業を含む、国境横断的な民間企業だ。その統治のしくみが、さまざまな子どもや若者、家庭の困難を増幅させている。

現状の支配的な価値観のままでは、私たちは現在の社会のしくみや価値観を支えてしまい、その社会から逸脱する在り方や考え方を丸め込み（包摂）、自由の縮減に協力してしまう。ハンナ・アーレントが教えるように、自分たちの暮らしが私的〝private〟であるとは、公的な領域が欠如していること〝privative〟であり、人間的な生活が奪われている〝deprived〟状態である。[16] 共通世界の介在によって他者と結びつく関係、そのリアリティを奪われると、現状の価値観による包摂に加担する。自分たちに内閉されず、まわりや世界を知る状態にあることはとても重要だ。

経済的自立をしていない人々に尊厳はなく、本人自身が誰より強く自己否定をしているという状況は、次のように生まれる。私たちは学校や地域で、責任を引き受けるのはあなた自身だという教育を受けて育つ。たとえば、貧困であるのは自己責任だというふうに。そこでは、その状況をもたらした時代や政治や資本主義社会の責任はなかったことにされる。とても困難な状況にあっても若者は、今ある状況に「満足」してゆくのだ。このような価値観で政治社会的な統治が貫徹されつつある。これらの包括的なねらいは、個人を無力にした上で「主体」として立たせ、自己監視の能力を増大させることにある。

生存するために自立能力で生き延びるというしくみが、子どもや私たちを取り巻いている。能力に関心が集まる現代社会では、効率的に仕事をこなせる人間に価値があり、そうでないものは排除され、自責他害の日常を背負わされている。排除された者たちは、時に暴力に吸い寄せられてきた。中産階級は他者化によって、自己中心的に生きることに甘んじ、その構造そのものが自分自身も排除する社会を支えていることになる。高度経済成長期にエコノミック・アニマルといわれた日本人による第三世界からの収奪のしくみは、国内で自分たち自身を収奪するようになる現代資本主義の問題として顕在化してきた。

この章で最も強調しておきたい点がここだ。

人間の自由で平等な生活がますます危険にさらされている。グローバル経済のしくみに包摂され、私たち自身は主体としてつくられている。心構えや教育といった個人化戦略を認識して、その包摂に加担しない方策を私たちはどのように考えたらよいのだろうか。

問題のありかを、自分たちではなく資本主義の支配的なしくみのなかにとらえることが必要だ。

第2部　経済的教育史

第3章　戦後教育の枠組――「自己責任」の誕生

経済力を確かなものにし、賠償金の強要を受け入れるため産業を維持し、……十分に経済的に自立して、極東でこの後起こるかもしれない他の全体主義戦争の脅威に対する抑止力としても役立つために

ロイヤル陸軍長官「対日政策に関する演説」
一九四八年一月六日

1．戦後教育の価値観

一九六〇年頃から、先進国では大量生産・消費型社会を前提としてきた。それは、途上国との不均衡な国際構造での開発や経済成長をベースにしたものだった。資本主義の成長が前提で、その成果を

自国民の間で再分配することが「公正」とされた。経済成長に役立つ国民形成が「学校教育」だった。ところが低成長期になり、それまでの前提をキープするのが難しくなった。そこでやってきたのが、競争と責任の主体として自己を律し、成果を重視する「新自由主義」だ。

新自由主義は格差を広げ、再分配で生き延びてきた人々を追い詰めるようになった。これまで、管理や抑圧で押しとどめられていた社会矛盾が表面化することになった。学校では、能力主義が常識になり、「全員が分かるように」日常を細かくルール化した「学校スタンダード」が作られるようになった。大人も子どもも余裕がなくなり、時に攻撃的になった。

競争と責任の主体として自己を律し、成果を重視する。教育におけるこの価値観は労働施策の不備と連なり、若い人たちを中心に生きづらくさせ、社会を厳しいものにしている。まずは簡単に、世界がどのように新自由主義に引き寄せられてきたかについて説明しておく。

2．世界の戦後枠組み――新自由主義へのプロセス

すでにリベラリズムで人的資本論が機能するなか展開した新自由主義（ネオリベラリズム）の特徴は、「万人を労働者ではなく、たえず機会をうかがい、市場を通して適切な選択によってみずからに投資をおこない、自己責任によってみずからの生を運営する、そのような企業家と人間を形成することにある。[1]」

一九四五年から七〇年代ごろまでは、フォーディズムとも呼ばれるケインズ主義が主流で、公共事業による景気調整、国家による主要産業のコントロールなどが推進された。テイラー主義の流れ作業による大量生産・大量消費の資本蓄積の過程が展開した。これは、潤沢な財政支出によって年金・失業保険・医療保険等の社会保障の拡充、社会権保障などを行い、人々を資本主義のなかに主体的に統合し、資本主義経済を安定化させる経済・社会体制である。

一九六〇年から七〇年代、社会保障負担の増加などから、イギリスは「英国病」と呼ばれ、アメリカも失業率が増大した。このような状況を生み出した責任が国家による経済への恣意的な介入と政府部門の肥大化にあると主張された。大量生産は、過剰蓄積の壁にぶつかり、成長は鈍化し、資本主義の安定を図ることが困難になり始めた。七〇年代、アメリカをきっかけに、金融経済政策が世界的に重視され、自己責任をベースにした小さな政府が注目された。

チリでは、クーデターによって政権を握ったピノチェトがミルトン・フリードマンの影響下にあるシカゴ学派のマネタリストを登用し、世界初の経済政策に移行した。新自由主義のスタートである。

一九八〇年代には、新自由主義が先進国で登場しはじめる。イギリスではサッチャリズム、アメリカではレーガノミクスと言われる。サッチャー政権は、電話・石炭・航空などの各種国営企業の民営化、労働法制に至るまでの規制緩和、社会保障制度の見直し、金融ビッグバンなどを実施し、労働者を擁護する多くの制度・思想を一掃した。

レーガン政権も規制緩和や大幅な減税を実施し、民間経済の活性化を図った。日本では、中曽根政権によって電話、鉄道などの民営化が行われ、教育部門では、文部省ではなく首相直轄の臨時教育審議会が数年にわたり「個性化」や「国際化」をキーワードに答申を出した。

その後、八六年に労働者派遣法ができた。九五年には、日経連「新時代の『日本的経営』」で「柔軟雇用型」の必要性が謳われ、九九年には派遣の範囲が原則自由化となり、二〇〇四年には製造業への派遣が解禁され、雇用が融解していった。八九年には、消費税が導入され、九二年には大規模小売店舗法の改定が行われ、出店規制緩和はやがて廃止になり、個人商店は閉店を余儀なくされていった。九一年に一六一万店だった個人商店は、二〇〇七年には一一四万店に減少した。

このような世界的な新自由主義の方向性は、ビル・クリントン政権の経済政策、ワシントン・コンセンサス[2]によって、ＩＭＦや世界銀行を通じて世界中に広められた。その政策パッケージを各国に受け入れさせることによって、アングロサクソン諸国の資本はより大きな資本移動の自由を手に入れた。

一九八〇年代後半から九〇年代は、累積債務問題やハイパーインフレを背景に新自由主義の洗礼を受けたラテンアメリカで新自由主義打倒が目指された。新自由主義は、貧富の差を拡大させるので一人一票の民主的選挙で、富裕層優遇の政府を打倒しようと計画された。しかし、世界的な広がりを強化した新自由主義は、経済のシステムだけでなく、現代リベラリズムを基盤に人々の意識を捉えていった。日本の戦後枠組みからみてみよう。

3．日本の戦後枠組み──人的能力政策への注目

戦後教育では、「能力」を社会的にどう位置づけるかという議論が棚上げされてきた。まずは「学力」をいかに保障するかという問題に大人たちは集中し、教育施策が進行してきた。近代公教育の成立に伴い、個人の能力としての学力を保障する方向が戦後強化され、さらなる「強い個人」が求められるようになった。

自分で自分を追い詰める規律権力のメカニズムによって、人間関係のみならず個人のメンタリティをも蝕みながら時代は進んだ。では、なぜ個人化の人的能力政策が急激に広がったのだろうか。個人化は何を近現代日本にもたらしたのだろうか。

一九五〇年代に日本の行方、現在の教育の方向は規定されたともいえる。敗戦国日本が占領下にアメリカ側から方向性を示されたことはよく知られている。しかし、その方向性とは具体的にどういうものだったのか。

敗戦三年後の一九四八年、ロイヤル陸軍長官の演説は「日本に経済力をつけさせる」という主旨だった。占領のテーマは、戦後すぐの改革で予定されていたマッカーサー連合国軍初代総司令官を中心とした「民主化」から、「経済力」へと変更された。

「経済力を確かなものにし、賠償金の強要を受け入れるため産業を維持し」「十分に経済的に自立

して、極東でこの後起こるかもしれない他のどの全体主義戦争の脅威に対する抑止力としても役立つために」(「対日政策に関するロイヤル陸軍長官演説」一九四八年一月六日)

第二次大戦末期から顕在化した連合国内の対立は、米英とソ連(当時)が互いの勢力圏争いを表面化させ「冷戦」状態に突入した。日本に経済力をつけさせ、軍の在留経費などを「自立して」担わせ、日本が共産主義国に対する防波堤となるよう求められた[3]。一九五〇年六月に勃発した朝鮮戦争によって、アメリカは共産主義国の脅威を感じたのだ。

GHQはアメリカから教育の専門家を迎え、日本の教育の基本原則を検討しようとアメリカ教育使節団を招聘した。一九五〇年八月に来日した第二次アメリカ教育使節団は、次のような報告書を提出している。「極東において共産主義に対抗する最大の武器の一つは、日本の啓発された選挙民である。」

経済力を求められた日本はその後、経済成長路線を順調に走り、一九六〇年の「所得倍増計画」以降、人的能力政策が展開され、「経済力」は人材育成へ「学力向上」へと結ばれた。

一九五一年九月、サンフランシスコ講和条約締結に伴い、首相の私的諮問機関である政令改正諮問委員会は、同年一一月に「教育制度の改革に関する答申」を出し、「普通教育を偏重する従来の制度を改める」という方向を打ち出した。一九五二年一〇月、日本経営者団体連盟も「新教育制度について産業人の立場よりこれをみるに社会人としての普通教育を強調する余りこれと並び行われる職業力至産業教育の面が著しく等閑に付されて」いると提言した。この答申以降、経済界の意向を酌んだとみられる各種審議会は経済界の「教育要求」を政府に要望するようになった。

4. 国民所得倍増計画と教育爆発

「国民所得倍増計画」

戦後日本において策定された長期経済計画の数は、国民所得倍増計画にいたるまで一〇本を超える。しかし、閣議決定をみたのは、一九五五（昭和三〇）年「経済自立五カ年計画」、一九五七（昭和三二）年「新長期経済計画」、一九六〇（昭和三五）年「国民所得倍増計画」の三本だ。[4]

一九四八（昭和二三）年五月「経済振興計画第一次試案」の最大の課題は、戦争による経済基盤の壊滅を克服し速やかに経済の安定を実現することだった。[5] 一九五一（昭和二六）年一月「自立経済審議会報告書」では経済自立を達成するための経済計画が策定された。一九五五（昭和三〇）年一二月「経済自立五カ年計画」は名称が示すとおり他国の援助無しで経済が運営されるようになることを目的とした。ロイヤル陸軍長官の演説からつながる計画だった。

一九五六年一一月、日本経営者団体連盟（日経連）は、「新時代の要請に対応する技術教育に関する意見」をまとめる。翌月、石橋内閣成立直後の自民党「昭和三二年度予算編成の基本方針」に、「完全雇用および国民所得の倍増を目途とする新経済計画」という表現で「国民所得倍増計画」は登場した。[6]

経済団体連合会（経団連）でも「今後五年ないし十年間における国内経済の拡大、東南アジア開発」が目指され、五〇年代末に幹部が軍需産業展開の可能性視察のために東南アジアを訪問した。一九五六年「意見」に加え五七年にも要請があり、各種の経済団体の意見を合わせ経済界の要求を受けた形で、政府は一九六〇年一二月二七日に「国民所得倍増計画」を決定した。

この計画の目標は国民生活水準の向上と完全雇用の実現と一般化され、そのために高度経済成長を求めた。その中心的課題は、社会資本の充実、産業構造の高度化への誘導、人的能力の向上と科学技術の振興、経済の二重構造の緩和と社会的安定の確保などだった。

「国民所得倍増計画」における教育政策で注目されるのは、マンパワー政策としての「人的能力の向上と科学技術の振興」だった。しかし「人的能力の向上」や「科学技術の振興」以上にすでに大きく動いていたのは、目標の「完全雇用の実現」だった。

鳩山内閣は、前述の「経済自立5カ年計画」（一九五五年）で完全雇用の実現を謳い、一九五六年末に成立した石橋湛山内閣でも完全雇用を最優先課題とし、不可能と思われていた完全雇用は、はやくも六〇年代初めには達成された。

一九五七年「新長期経済計画」は「科学技術の振興」に一章を割いているが、労働力問題の認識は「過剰労働供給をどうするか」という点に主軸があった。しかし、一九六〇年の「国民所得倍増計画」になると「人的能力の向上と科学技術教育の振興」が主要課題の一つとなる。

一九五七年から六〇年の間に、労働供給、つまり求人市場に何が起こっていたのか。すでに五七年、ある求職者の部門で数倍の求人市場が続き、企業は働き手確保に苦慮していた。その働き手とは「学卒労働力」だった。『労働白書：労働経済の分析／労働省労働統計調査部編』五七年版によると、「学卒以外の労働力では熟練工を例外とすれば、深刻な供給過剰の状態が恒久化している」。「大企業ではとくに最近、臨時工は別として、常用工については質のよい学卒を将来の基幹労働力として需要し、企業内部で育成する傾向が一般化しつゝあることを示すものといえよう」。五七年には「学卒以外の労働力」は余っているにもかかわらず、企業は「質のよい学卒」獲得に集中していた。では、「学卒」の内実はどのように構成されていたのか。

職業安定所の業務統計によると、一九五〇年はまだ戦後の経済的危機からの回復過程であり、求人数は著しく不足しており、求人倍率は〇・六倍にとどまっていた。しかし一九五一年には、朝鮮戦争の特需によって求人数は跳ね上がり、その後五〇年代を通じて急速に増加した。

一九五二年の職業安定法の改正によって、学校と職業安定所との協力が強化され、労働市場の合理化が進展した。さらに、一九五五年の神武景気から始まった高度経済成長による影響が学卒労働市場に大きな変化をもたらした。急激な重化学工業化の結果、就職先は製造業への集中が高まり、一九五九年には非農就職全体の七割に上った。

学卒労働市場における中卒・高卒全体の求人倍率は五九年頃まで一倍強であり、需給が均衡していたが、一九六〇年から求人数が急速に拡大し、前年の一・二倍から一・九倍へと跳ね上がった。一九五九年に高卒求職者数が中卒求職者数を追い越し、六〇年に求人に高卒も含める企業が中卒のみの求人企業を上回る。六一年に高卒就職者数が中卒就職者数を超えるのだ。以降、企業は採用を中卒から高卒へと徐々に切り替えた。求人倍率は六二年には三倍、さらに六四年には三・六倍にまで急騰した。雇用者側の最大の問題は学卒労働力、とりわけ中卒の量的不足だった。中卒労働力の供給を減少させた理由は、都市部における家庭による高校進学率の上昇だった。

進学率上昇による中卒求職者の激減は、ブルーカラー給源の中卒から高卒への採用対象切り替えへと企業を動かした。一九六三年の倉内史郎の研究によると、企業のうち六二年には六三％が「中卒のみ」を採用対象としていたのが、翌六三年には三五％に激減し、代わって「中卒および高卒」を採用対象とする企業が増えた。[7]しかし、企業（多くは中小）にとって高卒はそれほど歓迎されてはいなかった。

高卒就職困難の状況にもかかわらず、まず、五〇年代後半から家庭が子どもの進学先を中学から高校へと切り替え始めた。その結果、中卒での求職者が激減した。結果的に、高卒就職者数が増えていった。そこで、企業は求人を「中卒および高卒」へ、さらには「高卒」へと切り替えていったのであった。

教育爆発の時代

一九六一年に高校全員入学運動が市民のなかから起こった。その後、続いて起こる六〇年代家庭教育ブームは、五〇年代後半からの家庭による「進学先切り替え」、つまり「学歴の高度化」が大きな動因になっている。「学卒以外の労働力」つまり求職中の一般労働者は、学卒でないという理由によって、好況のなか、求職に困難を強いられていた。

一方で、大企業は「質のよい学卒」を求め始めた。この頃から、高学歴をもつことが就職に有利と一般的に認識されるようになった。[8]五〇年代後半以降、「教育爆発」とも呼ばれるこの時代は個人化された国民が、教育を熱烈に要求し始めた時期なのだ。

「男子の技術科の新設にはもう一つの背景があった。五七年にソ連が人工衛星スプートニクの打ちあげに成功したことにショックを受けた政府が、科学技術の振興のために男子の技術学習を重要視した[9]」といわれる。

「国民所得倍増計画」（一九六〇年）以降、人的能力政策は全面的に展開されるようになった。「経済力」は人材育成へ、「学力向上」へと結ばれてゆくようになった。戦後の高度経済成長は著しかった。個人化の進展が著しい分、人々の信頼関係の枯渇もまた同様に進んだ。

企業の雇用状況――学卒労働市場

しかし、この点について日本の教育政策や財界の動きを当時の資料を用いながら跡づけると、それが誤りだったことが分かる。

確かに、スプートニク打上げ二カ月後の一九五七年一二月に、日本経営者団体連盟（以降、日経連とする）が「科学技術教育振興に関する意見」を出している。しかし、この時期の経済界と教育との関連をさらに調べてみると、スプートニク打上げのほぼ一年前、一九五六年一一月八日に日経連は「新時代の要請に対応する技術教育に関する意見」をまとめていた。その翌月、石橋内閣成立直後の自民党「昭和三二年度予算編成の基本方針」に「完全雇用および国民所得の倍増を目途とする新経済計画」という表現で、国民所得倍増計画は登場している[10]。

一九五七年一〇月スプートニク打上げ→同年一二月、日経連「科学技術教育振興に関する意見」→六〇年国民所得倍増計画→六二年経済審議会答申「人的能力政策の基本的方向」と、これまでは「スプートニクショック」があたかも、日本の教育状況を激変させたかのように説明されてきたが、すでにそれ以前からはっきりと財界と政策による方向性は提出されていたのだ。

一九六七年の経済審議会答申「経済社会発展計画」では、次のように「学歴構成の高度化」に対する危惧が述べられていた。「学歴構成の高度化は事務系労働力の供給を相対的に増加させる傾向をもつが、これに対し、技能労働者など直接生産に従事する労働力の需要は引き続き高い水準で推移すると見込まれるため、事務系職種への志向性の高い高学歴層においては供給過剰となるおそれもある反面、従来は技能労働力の給源の中心となってきた中学卒労働力の不足が予想される。」

実際の学歴の高度化を推進する企業の側からすれば、採用対象の中卒から高卒への切り替えの理由は、中卒求職数、つまり中学を卒業してすぐ就職しようとする者の人数が減っていく点にあった。この現象は、家庭の側から見ると、子どもの最終学歴を少なくとも高校卒に変更していくことである。すなわち、企業の中卒から高卒への切り替えの理由の一つは、「家庭の進学先切り替え」によるものだった。

七〇年代以降、偏差値、学力テストなど、個人の学力保障へと教育現場は駆り立てられていく。多忙化が進む学校では、子どもの「声」を受け取る余裕は与えられず、子どもを取り巻くトラブルは「心」や家庭の問題とされ、生徒指導や道徳教育さらに人権教育と一般化された。新政策として登場した「学校選択」が地域を分断し、子どもや保護者の関係をさらに希薄にした。個人化を受け、能力は一人のものと考え、ついには個別の教育計画を立てる時代を迎えた。「個別最適化[11]」である。

雇用の階層構成は、九〇年代になって突然に現れたものではない。八〇年代に「日本的経営」が世界的に注目を集め、きびしい雇用調整をやり遂げた日本は、八〇年代後半にバブル経済を謳歌する。すでに農村からの出稼ぎ、主婦のパートタイマーや学生アルバイトという雇用柔軟型で、とりわけ女性は男性並みの昇進ルートには乗せず、寿退社させることで、日本の男女別の雇用構造、労働力構成ができていた。経済的かつ政治的な家父長制レジームとして作動していた。それが、二〇〇〇年前後からの人材派遣会社全盛期につながる。分断的で階層的な雇用構造は、九五年の「新時代の日本的経営」を待つまでもなく、早くからすでにあった。九〇年代になって、男女雇用機会均等法ができるが、それは男並みに働くことをベースに成立した。

「終身雇用・年功序列」という雇用関係の恩恵に浴したのは、高度経済成長期においても日本の労働力人口の三分の一前後であった。[12] ただし、安定成長を続けてこられた間は、大きな格差がひらくことはなかったため、「一億総中流」と言われた。経済成長が行きづまる九〇年代になると、格差が目立つようになる。

また、大企業の基幹人材というのは、無理難題でも引き受ける覚悟が必要とされた。「もっと柔軟に、もっと変容して、そして順応せよ、これこそが八〇年代にとりわけ消費に即して目新しいメッセージとしてあらわれ、九〇年代に主体性総体をおおう支配的コマンドとなった要請にほかならない。[13]」そして、「他者との、そして物理的背景や文脈への個を犠牲にした『過剰同一性』、有機体とその環境の区別の溶解[14]」が進行した。人々は衝き動かされるように、企業社会の要請に過剰に同一化するようになったのである。

戦後の高度経済成長の勢いは慌ただしいものだった。敗戦国日本は、アメリカに経済的に同伴したことから、世界トップレベルの富裕国に変貌を遂げた。市民は頑張った。子どもを取り巻く関係の枯渇は、ときに子どもの生死を分かつ。薄くなり個人化した人間関係は、同調圧力を通して、子ども集団を凶器に変えることにもつながった。

本章では、世界の戦後システムにおいて、人的資本論がベースにあるところに新自由主義が展開した流れと戦後日本の教育の歴史を重ねて概観した。

財政支出によって社会保障の拡充、社会権の保障などが実現したものの、人々が資本主義のなかに主体的に統合される経済・社会体制が生まれた。日本では、アメリカ追従のなか、経済優先の国民所得倍増計画に導かれ、国民、家庭に教育爆発という教育要求が起こった。よりよい雇用をめぐっての教育爆発は、資本主義体制を発展させた。これは、私たちの経済的教育史である。

第4章　資本主義が求めた道徳教育

あらゆる社会的事実は歴史的・地理的な個性をもっていて、その個性のゆえに相互に比較検討が可能である。そして青年たちはこのことを通して社会についての認識を獲得するわけである。文部省はおそらくこのことをきらったのだと思う。つまり検定姿勢は、『現代社会』を、社会や人間についての具体的認識を形成する場だとは考えず、現にある秩序のなかへ青年たちの認識を閉じ込め、このなかでいかに生きるかを選択させる、そのような科目として構想したのである。

尾崎ムゲン
『戦後教育史論』一九九一年

二〇〇七年に教育基本法が改められ、道徳の教科化が完徹し、経過措置を経て二〇一九年から、全ての学校で「道徳」が教科として実施されるようになった。

これまでは、小学校、中学校、中等教育学校の前期課程の教科外活動（領域）の一つとして「道徳の時間」があったが、二〇一五年三月二七日の学習指導要領の一部改正によって、「特別の教科道徳（道徳科）」として新たに位置づけられた。

日本教育史においては、教育勅語が近代教育における道徳教育の理念の中核であり、「源流」であることが自明のこととされてきた。道徳教育に関しては、占領軍が軍国主義的な修身教育を廃止したことから、一九五〇年頃より復古主義の道徳教育の復活が企図され、文部省がこれに従ったという説明が一般的である。

道徳教育を批判的にみる立場からは、戦前の天皇制教育である「修身」が形を変えて現在の教科化に結びついたという点が強調される。[1] この一連の流れには、改正教育基本法に入った愛国心教育や道徳教育の批判も結びつけられる。

道徳教育批判のアプローチには、いくつかのパターンが見受けられる。一点目は、教科書問題であり、愛国心を強く表現している出版社への批判がある。二点目に、教育実践現場では、道徳教育ではなく人権教育が必要だというアピールである。それと関わって三点目に、教科化した現在、その教育実践内容を研究し進めようという姿勢がある。

研究分野においては教育方法の議論が主流になっているが、実践においては、一律に生徒に「人権作文」を書かせるなど、自由を尊重する人権を教育化する傾向もある。

戦後教育政策の形成過程を分析すると、さらなる深層が見えてくる。果たして、日本で道徳教育が求められたのはなぜか。そこで本章では、科目としての「道徳」をめぐる政府の議論の核心を読み解き、「道徳」導入の時代背景を把握し、道徳の教科内容は、実は何を教えようとしているかを検討する。加えて、学校における教科がもつ知のあり方も吟味し、その上で、それらの要求がどこから来ているかを分析することによって、現在の教科としての「道徳」の本質的問題に光を当てたい。

1. 道徳教育批判の現状と背景

「教育勅語から教育基本法体制へ」という理解は、戦後教育史の通説であった。[2] 教育勅語体制こそが問題とされ、リベラリズムに位置づけられる教育基本法は肯定的に評価されてきた。堀尾輝久は、教育勅語体制とは天皇を「道徳の源」とし、「道徳教育（修身）を中心に据えた国民道徳涵養のための方式」[3] とした。しかし、道徳教育の源を教育勅語とすることは、時代を狭く捉えている。

戦後の道徳教育には、アメリカによる日本の経済の自立への要求と関連がある。アメリカは、大国の資源の争奪を背景に、共産主義の砦として日本を位置づけ、経済自立して基地を護持するよう日本に求めた。国家間の利害関係を通し「愛国心」が求められたのであった。

一九五三年一〇月に、池田勇人を代表とする一行とアメリカのロバートソン国務次官補をはじめとする各省庁の担当者との間で行われたいわゆる「池田＝ロバートソン会談」は、一カ月近くにわたって、防衛問題をはじめ、ガリオア資金の返済、対東南アジア貿易・賠償問題、日本への外資導入や借款など、日米間の懸案をめぐる討議を行った。[4] その目的は「懸案の財政問題」の解決とされていた。

その目的ゆえ、この会談の合意は、日本の学校教育に対して影響を及ぼすことになった。一九五三年一〇月一九日付「池田特使覚書」によると、「一　日本防衛隊と援助」に以下の項がある。[5]

（八）本会議参加者は、日本国民が自己の防衛に関しより多くの責任を感ずるような気分を国内につくることが最も重要であると意見一致した。愛国心と自己防衛の自発的精神が日本において成長する如き気分を啓蒙と啓発によつて発展することが日本政府の責任である。

日本政府の責任は、愛国心と自己防衛の自発的精神が成長する気分を啓発することだという。その前提として、次のように言う。

経済的制限は自明である。国民所得中の防衛費の占めるパーセントとか、防衛費の人口当り負担額によつて他国との比較をすることは、日本の生活水準がそれらの国の生活水準と比べものにならない以上、なんらの意味がない。その兵隊が敗れ、自力で責任をとらねばならない国、その遺家族は独力で生計の資を得ねばならない国にとつては、国家防衛努力のための第一歩はこれらの人々の保護から始められねばならないのであるが、その最初の段階たる現在においても、その費用は日本にとつて少くないのである。……国民が自分の外に自分を守るものが何処にもないということを確信するのでなければ、日本の場合これは教育ないし方向転換の問題を意味し、従って相当の時間を要するであろう。

敗戦後の日本が防衛費を自分たちで賄うために、愛国心を啓発するようはたらきかけたのである。日本政府はその後、学校教育への内容統制を強めていく。一九五六年の教育委員会公選制の廃止、一九五八年の学習指導要領の「告示」化、同年の学習指導要領における「日の丸・君が代」条項の新設、などといった形でこの合意内容は実現されていった。

次に、戦後からの道徳をめぐる政府の意向を把握するために、教育課程審議会答申を通して道徳で強調されているポイントを見てゆこう。

2. 道徳の方針・目標（昭和二三年〜平成一〇年）

（1）民主化と道徳的生活の重なり

昭和二六（一九五一）年一月四日の教育課程審議会答申では、次のように述べられた。

終戦後、わが国の教育は民主主義を中心とするものに改められ、この中において、民主的社会における道徳教育が強調されている。この新しい教育の正しい実施によって、児童・生徒に自主的学習、自制、協力、寛容その他民主的社会人として望ましい態度、習慣が芽ばえつつあることを見のがしてはならない。

しかしながらわれわれには、これをもって今日の児童・生徒に対する道徳教育がじゅうぶんであるとは考えられない。その教育計画および指導において、反省してみなければならない面もあるとともに、他方では終戦後の成人の社会からの好ましくない影響もあつて、一部の児童・生徒の間には、著しい道徳の低下が現われていることも遺憾ながら事実として認めざるを得ない。……全教師は、民主主義の正しい理解のもとに、協力一致して学校生活全体の民主化をはかり、学校生活を明るく美しくふんい気にして、あらゆる機会をとらえて、児童、生徒の道徳的生活の向上に資するよう努力しなければならない。

このように、道徳教育が戦後の民主的社会のために必要とされている点が確認できる。

(2) 経済的愛国心

前章で示した池田＝ロバートソン会議を挟み、一九五八年から学習指導要領が法的拘束力をもつようになる。小学校における「道徳」の内容は、「基本的行動様式」、「道徳的心情・判断」、「個性伸長・創造的生活態度」、「国家社会の成員としての道徳的態度と実践的意欲」の四つ、中学校は「日常生活の基本的行動様式」、「道徳的な判断力と心情」、「社会および国家の成員として必要な道徳性」の三つに区分された。

小学校学習指導要領　昭和三三年十月一日（一九五八年）告示

1．日常生活の基本的な行動様式を理解し、これを身につけるように導く。
2．道徳的心情を高め、正邪善悪を判断する能力を養うように導く。
3．個性の伸長を助け、創造的な生活態度を確立するように導く。
4．民主的な国家・社会の成員として必要な道徳的態度と実践的意欲を高めるように導く。

時代背景と重ねると、国家の成員としての道徳と実践的意欲が（防衛費を賄う）経済を担う国民意識、いわば「経済的愛国心」として位置づけられているのが見て取れる。さらに一〇年後の改定では、次のように示された。

小学校学習指導要領昭和四三年七月十一日（一九六八年）告示

道徳教育は、人間尊重の精神を家庭、学校、その他社会における具体的な生活のなかに生かし、個性豊かな文化の創造と民主的な社会および国家の発展に努め、進んで平和的な国際社会に貢献できる日本人を育成するため、その基盤としての道徳性を養うことを目標とする。

民主的な社会および国家の発展に努め、進んで国際社会に貢献できる日本人を育成するための基盤としての「道徳」である。それは平成につなげられる。

(3) グローバル経済人材

小学校学習指導要領平成元年三月十五日（一九八九年）告示

道徳教育の目標は、教育基本法及び学校教育法に定められた教育の根本精神に基づき、人間尊重の精神と生命に対する畏（い）敬の念を家庭、学校、その他社会における具体的な生活の中に生かし、個性豊かな文化の創造と民主的な社会及び国家の発展に努め、進んで平和的な国際社会に貢献できる主体性のある日本人を育成するため、その基盤としての道徳性を養うこととする。

平成に改定された学習指導要領でも「民主的な社会及び国家の発展に努め、進んで平和的な国際社会に貢献できる主体性のある日本人」が掲げられている。さらに、その後の「道徳の改善」を見てみよう。

1　教育課程審議会の答申に示された道徳の改善の方針

幼稚園、小学校、中学校、高等学校、盲学校、聾学校及び養護学校の教育課程の基準の改善について（答申）（平成十年七月二九日（一九九八年））

小学校の低学年では、特に社会生活上のルールを身に付け、「よいことはよい、悪いことは悪い」と自覚できるよう繰り返ししっかり指導すること。

中学年では、自主性をはぐくむ中で、みんなと協力し助け合いながら学習や生活ができるようにすること。高学年では、自立心をはぐくみ、我が国の文化や伝統への理解を深め、自らの属する集団や社会に主体的にかかわっていけるようにすること。中学校では、自らの人生や将来を考えながら規律ある生活ができ、国民としての自覚と国際協調の精神を身に付けるようにすること。高等学校における道徳教育は……自由や権利だけでなく自らの義務と責任を果たそうとする態度、社会や自然と積極的にかかわろうとするボランティア精神、男女の理解協力や性モラル、自らの人生を切り拓くことへの意欲、よりよき国家・社会の形成者としての倫理観、国際社会に主体的に貢献しようとする意欲等の育成を重視する。

すなわち、自主的に自立し、責任と意欲を持ち、主体的に国際社会に貢献する人間像が目指される。このように、グローバル経済人材への具体的な内容が浮き彫りになってくる。

3．学習指導要領の核心――資本制組織原理

現在、新しく教科として登場した「特別の教科　道徳」の学習指導要領（平成二九年告示）の内容を見てみよう。[6] 要とした道徳教育の内容は、四つの視点によって内容項目が構成されている。

A．主として自分自身に関すること
B．主として人との関わりに関すること
C．主として集団や社会との関わりに関すること
D．主として生命や自然、崇高なものとの関わりに関すること

一般的な道徳批判として取り上げられる項目は「C．主として集団や社会との関わりに関すること」の愛国心関連であり、［伝統と文化の尊重、国や郷土を愛する態度］が指摘される。しかし、他の項目を注意して見てみると、その根底に流れる国民の態度形成への細やかさに気づく。詳しく見てみよう。

「A．主として自分自身に関すること」には［善悪の判断、自律、自由と責任］［正直、誠実］［節

度、節制〕〔個性の伸長〕〔希望と勇気、努力と強い意志〕〔真理の探究〕の節がある。たとえば〔個性の伸長〕では、学年が上がるにつれ、次のように展開する。

〔第１学年及び第２学年〕自分の特徴に気付くこと。
〔第３学年及び第４学年〕自分の特徴に気付き、長所を伸ばすこと。
〔第５学年及び第６学年〕自分の特徴を知って、短所を改め長所を伸ばすこと。

〔節度、節制〕では「わがままをしない」「安全に気を付け、節度のある生活をする」。〔個性の伸長〕では「自分の特徴に気付き、長所を伸ばすこと」。〔希望と勇気、努力と強い意志〕では「自分のやるべき勉強や仕事をしっかりと行うこと」。〔規則の尊重〕（C．主として集団や社会との関わりに関すること）では、「約束や社会のきまりの意義を理解し、それらを守ること」と「義務を果たすこと」が挙げられている。

では、「自由」についての節はあるのか。

「A．主として自分自身に関すること」のなかに一つ「自由」を含む節がある。〔善悪の判断、自律、自由と責任〕には「自由を大切にし、自律的に判断し、責任のある行動をすること」とある。「内容項目の概要」で、以下のように説明する。

「自己を高めていくには何物にもとらわれない自由な考えや行動が大切である。自由には、自分で自律的に判断し、行動したことによる自己責任が伴う。自分の自由な意思によっておおらかに生きながらも、そこには内から自覚された責任感の支えによって、自ら信じることに従って、自律的に判断し、実行するという自律性が伴っていなければならない。」

すなわち、自由には責任感を持った自律性が伴っていなければならず、自己責任を伴うという。これを加えて、求められている道徳的な国民像を整理しよう。どのような国民像が求められているのかが見えてくる。

> 自分の長所を伸ばし、わがままはせず、安全に気を付け、節度ある生活をし、やるべき勉強や仕事をしっかりと行い、社会のきまりを守り、義務を果たし、責任感と自律性、自己責任を伴った自由を備えた国民。

さて、思想史的に考えると、この国民像は『プロテスタンティズムの倫理と資本主義の精神』で取り上げられた資本制の求める生産的な勤勉さを倫理とするものといえないだろうか。つまり、道徳の思想基盤は資本制組織原理にあったのである。

ウェーバーによれば、資本主義の精神は「決して、人間は生まれつきもっているものではない。また高賃銀や低賃銀という操作で直接作り出すことができるものでもなくて、むしろ、長年月の教育の結果としてはじめて生まれてくるものなのだ。」[7] 資本主義の精神は、人々の内面から助長し推し進めていった精神であり、経営者だけでなく労働者自身が、経営内の規律にみずから進んで服することができるような近代的な労働者となっていく方向へと人々を内面から推し進めるという点にある。[8]また「禁欲は修道士の小部屋から職業生活のただ中に移されて、世俗内的道徳を支配しはじめる」[9]と述べ、ウェーバーは奇しくも、勤勉であるという社会の倫理的雰囲気こそが、資本主義の精神であり、その思想的雰囲気が道徳として支配しはじめることを指摘している。

道徳教育でまずもって批判される愛国心も、そもそもは資本制原理から求められるものであったということも再確認しておきたい。それでは、他の科目はどうなのだろうか。

4. 労働力商品の再生産としての公教育

教育行政学の研究者である岡村達雄たちのグループは、近代公教育は「資本制公教育」と批判し、公教育の方向性に対して論陣を張ってきた。[10]

岡村は、近代公教育制度が新自由主義的展開に向かう一九八〇年以降の状況を読み解き、公教育再編の状況は安全保障体制と結びついた国家体制の再編とつながっており、産・軍・学の新しい秩序を戦略的に形成していると危機感をもち、世に問うていた。[11]一九八〇年代からの公教育の再編成は「国家独占資本主義の教育への要求、および新しい教育支配の秩序をめざす基本的環がどこにあるかがしめされている。」

一九八〇年に、自民党は党内に五つの小委員会を設置し、翌年に「提言」を公表した。「教員の資質向上に関する提言」「心の教育を推進するための提言」「高等教育の整備改善に関する提言」であり教育政策に関わる重要な方向づけが示された。

この時期に提案された「心の教育」は、資本主義体制の公教育が必要としたものであった。第二次中曽根内閣で文部大臣に就任した松永光は所信表明に「心の教育」を入れている。一九八五年衆議院文教委員会で、有島重武は松永とのやりとりで「心の教育」導入の理由について述べている。「これからの時代を目指し、あるいは現状でいろいろな問題が起こっておるから」。前段で論じられている、子どもの自殺などを含む問題が起こっているが、これからの国の発展のために「心の教育」が必要というわけである。

しかし、道徳教育を批判する教育学者の主流派は教科としての道徳を批判しつつ、「教育」を守りよき実践をという立場に回収されてきた。

一方、尾崎ムゲンは、一九七八年の高等学校学習指導要領改訂で社会科の唯一の必修科目になった「現代社会」という科目内容を分析している。

あらゆる社会的事実は歴史的・地理的な個性をもっていて、その個性のゆえに相互に比較検討が可能である。そして青年たちはこのことを通して社会についての認識を獲得するわけである。文部省はおそらくこのことをきらったのだと思う。つまり検定姿勢は、『現代社会』を、社会や人間についての具体的認識を形成する場だとは考えず、現にある秩序のなかへ青年たちの認識を閉じ込め、このなかでいかに生きるかを選択させる、そのような科目として構想したのである。つまり道徳教育である。だとすれば、やはり『現代社会』の『現代に生きる倫理』は中学校の『道徳の時間』に対応するものという以外にはないであろう[12]。

そもそも、昭和二六（一九五一）年の教育課程審議会答申でも、以下のように記されていた。「社会科をはじめ各教科は、それぞれ道徳教育に深い関係をもっているから、その教育計画および指導にあたっては、格別の配慮を必要とする[13]。」社会科も道徳と深い関係をもっており、その内実は、生産的で勤勉な国民像という思想的雰囲気であった。

本章では、戦後教育政策における「道徳教育」の形成過程を分析してきた。「道徳」導入の時代背景には、基地の予算を経済的に捻出するために経済的愛国心を養うというアメリカから日本政府へのアピールがあった。また、道徳の方針を分析すると、自主的に自立し、責任と意欲をもち、主体的に国際社会に貢献する人間像という、グローバル経済人材への具体的な内容が浮き彫りになった。

現在、道徳が教科化したことで、他の教科と道徳教育を切り離して論じることは問題を矮小化してしまう危険があるとも言え、資本制公教育の本質を踏まえた指摘が重要と思われる。

第3部 不平等の正当化

第5章　公教育における「多様化」という問題
――岡村達雄を手がかりに

教育を受けることを権利として保障し、その保障を通して教育における国家支配を実現していくような体制である。いいかえれば、「保障」を通して「支配」を実現し、「支配」を実現するために「保障」を行う教育体制である。[1]

岡村達雄「〈教育基本法の半世紀〉」
日本教育学会第五六回大会シンポジウム
一九九七年八月二九日

近代学校は、学級内部の差異を〈同一性〉としてみせかけることを通して、学校での能力主義的支配を実現してきたのではないか。それは、「普通学校」を「差別学校」として存続させ続けているひとつの根拠だとしてよいのだと思う。[2]

岡村達雄・古川清治
『養護学校　義務化以後――共生からの問い』一九八六年

近代以降、資本主義経済を基調としてきた日本において「学校」は普遍的な公教育の中核とされてきた。それが、新自由主義的な規制緩和のなかで揺らいできているとされる。しかし、そもそも公教育は普遍的であったのだろうか。

二〇一六年一二月に成立した「義務教育の段階における普通教育に相当する教育の機会の確保等に関する法律」（以降、「教育機会確保法」とする）では、公立施設や一条校以外での不登校の子どもへの「学習機会の保障」については、国・地方公共団体の児童生徒や保護者への情報提供・助言等の支援の責務が示された。これまで公教育から排除されてきた、不登校を代表とする困難な状況にある子どもの「学び」の場など多様な担い手の制度化に関しては、研究上でも論争がある。[3]というのも、これは、学校教育だけが義務教育の担い手でなくなるという意味で、公教育の多様化といえるからだ。国の教育システムにおいて、多様な実践体による新たな公教育が提供される方向性について、どのように考えたらよいだろうか。

一九八〇年前後から、教育の多様化をめぐり公教育制度はその方向性を問われてきた。本章では、学校教育の方向性や、学校を規定する社会状況との関わりをどのように考えたらよいのかという問題意識から、八〇年代の教育の多様化をめぐる構造とその論理を考察し、教育改革への視座と課題を検討したい。

そのために、公教育論の研究者で、八〇年代の教育の多様化に関する分析をした岡村達雄の議論から、教育多様化論を導く主体について考察しよう。[4] その上で、多様な主体の「教育機会確保法」成立をめぐる主要な論点と、障害をもつ子どもや不登校の子どもを包摂する「教育化」[5]の意味について検討する。

一九七九年、養護学校義務化反対運動の論理構成を行っていた岡村達雄は『養護学校　義務化以後』で、八〇年代臨時教育審議会のキーワードであった「自由化」、「多様化」をめぐる状況を検討し課題を整理している。現代の公教育の状況を考える上で、岡村は重要な論点を提出している。

1. 養護学校義務化をめぐる歴史的状況

七一年五月の参議院内閣委員会において、文部省設置法の一部改正法案に対する附帯決議の一項目として、養護学校義務制実施の促進が採択され、さらに同年六月に出された中央教育審議会答申が「これまで延期されてきた養護学校における義務教育を実施に移す」ことを提言したのを受けて、文部省では七二年度を初年度とする特殊教育拡充計画を策定した。

この計画を前提に、一九七三年一一月に、一九七九年四月から養護学校の就学及び設置の義務制を実施する旨の予告として、「学校教育法中養護学校における就学義務及び養護学校の設置義務に関する部分の施行期日を定める政令」が公布され、七九年度から養護学校教育が義務教育になることが確定した。

養護学校の義務化をめぐっては、公教育のあり方について、鋭い意見の対立がみられた。この問題にかかわる運動では、大別して二つの潮流がある。一方の立場は、具体的な制度運用上のあり方に対する諸要求を基礎にその「民主化」「科学化」「専門化」を要求する立場であり、日本教職員組合（以下、「日教組」）や全国障害者問題研究会（以下、「全障研」一九六七年結成）のとる立場である。他方は、行政による一方的就学先学校指定に対して、具体的には「障害児」の「統合教育」、すなわち普通学級への就学を要求していた。全障研の理論を批判し、「障害者解放」の理念を掲げ結成された「全国障害者解放運動連絡会議」（以下、「全障連」一九七六年結成）は、後者の立場に立つ、障害者自身を中心とする運動団体である。[6]

本章でとりあげる岡村達雄は、この運動を相対化して論じた。理論の見取り図を把握するため、岡村論が、他の公教育論との関係でどのような特徴や意味をもつのかを概観しておこう。当時の代表的な公教育研究者であった堀尾輝久は、「人権としての教育」をキーワードとして「私事の組織化＝親義務の共同化」としての公教育を提唱し、それは国民の教育権論として知られた。堀尾は「人権と親和的な公共性論」の観点から公教育を提唱したが、公教育とは原理的に「国家（と資本）の要請に従属する教育制度」である。また、「国民父母・子ども・市民を主体」[7]という教育の「私事性」がもつイデオロギー性批判に関しては論争が重ねられてきた[8]。

岡村は、公教育を提唱する堀尾とは対照的に、日本近代における公教育の成立と展開の過程を分析し、その支配装置としての構造と特質を解明しようとした。そして、国家化・グローバル化のなかの学校と教育を問い、価値観の異なる人々が、価値多元化された共同社会で共生するのに必要な立脚点を探り、自由な精神と生き方にこだわった。

2．教育改革としての養護学校義務化

岡村によれば、養護学校の「『義務化』以後、『隔離と差別』の社会システムとしての強化は、確実に進んできた」[9]という。彼は、一九九七年八月二九日に開催された日本教育学会第五六回大会の全体シンポジウム「〈教育基本法の半世紀〉——戦後教育のもたらしたもの」に登壇し、報告している。

彼は、「教基法を近代公教育法とみなし、それが内包する矛盾の所産において教育現実をとらえようとする見方」を提示した。近代公教育法制は、「教育を受けることを権利として保障し、その保障を通して教育における国家支配を実現していくような体制である。いいかえれば、『保障』を通して『支配』を実現し、『支配』を実現するために『保障』を行う教育体制である。」「コンドルセは公教育が無用なものとなるような時期の到来のためにこそ公教育は組織されるとした。それは含蓄深い洞察

であったというべきであろう。」[10]岡村の議論は、近代公教育は国家の支配装置として機能しているという立場であった。

以下では、『養護学校　義務化以後——共生からの問い』（一九八六年）を中心に見てゆきたい。本書は、養護学校義務化の制度が施行された後、岡村自身がその流れを振り返り、論点を捉え返した論考である。

岡村によれば、臨教審による「教育改革」の展開は、「国家権力による攻勢的な教育支配の登場[11]」である。「私自身、つい最近まで、『臨教審と義務化』の関係について、とくに考えてみるということはなかった。こういう問題のたてかたをしてみると、なるほどこういうことだったのかと見えてくるものがある[12]」として、義務化を「別学強制体制の成立だとは見ていたとしても、『戦後教育』の問題としてとらえていたわけではなかった[13]」という。養護学校義務化の議論は、より大きな枠組みである「戦後教育」すなわち、義務教育制度の問題として考えるべきであったと思い至る。「義務教育制度そのものが問題とはされず、『障害』児に義務教育を保障してこなかった政府・文部省の行政的な責任の方が問題にされた[14]」と振り返る。

岡村は、「障害」児への義務教育保障ではなく、〈共生・教育〉のあり方を義務教育のなかにつくり出すという思想を深める。「養護学校の『義務化』は、まさに、こうした『排除の差別性』を制度化しただけでなく『障害』児を養護学校、盲学校等に強制的に分離就学させる『隔離の差別性』をシステムとして体制化するものであった。だから、こうした『義務化』に対して、『分離・隔離されない自由』を主張すべき[15]」だという。

「民衆の教育意識の方から言えば、『障害』児を排除し、就学保障することなく成り立ってきた義務教育というものが、公正さを欠いており、どのような意味でも、正当化しがたいものだという受け取り方は、『義務化』批判の展開の中でありえたのである。……ところが『義務化』政策は、養護学校への就学保障という『分離＝統合』によって、『分離＝排除』の段階での差別意識の『弱さ』を克服し、差別意識を正当化して強化するような事態をつくり出したのである。そこには、排除から統合に向かう差別意識の構造転換が行われたのである。[16]」

「障害」児の「分離＝排除」から「分離＝統合」という構造転換が行われたと岡村は述べている。義務化以前の「障害」児排除が、義務化によって正当化され、別学体制による「統合」という新たな構造が構築されたというのである。近年、同様の意味合いで「包摂」が使われるが、この時点で「統合」の正当化がもつ問題を指摘していたのだ。

当時、日本臨床心理学会においても養護学校義務化への反論がまとめられ、日本臨床心理学会編『戦後特殊教育　その構造と論理の批判――共生・共育の原理を求めて』が出版された。「一定量の知識・技術・道徳を実生活とは区別された時間と空間において与え、能率的な公民及び労働力商品形成を狙う近代公教育の枠内にある限り、特別に用意された『障害児』教育の場は、『普通児』の教育の場を『合理化』するためにも用意される[17]」多様化としての別学体制は、普通学級の場を合理化するためであると指摘された。

問題状況としての国家によって組織されてきた学校は、それを支える地域や普通学校のあり方にも向けられる。

われわれに問われざるをえなくさせているのは、地域の、校区の、普通の学校の差別性の問題にほかならない。その意味で、〈普通学校〉を、あるいは〈普通学級〉を問うという課題が、このような文脈の中で比重を増しているのだ[18]。

普通学校の差別性とは、いったいどういうことだろうか。「われわれは、教育における〈共生〉を追求するために、画一性を批判することを通して、近代学校の〈同一性〉が備えてきた形式平等性、差別支配性を克服しようと試みるのでなければならないだろう[19]」と、岡村は近代学校の内実の問題をアリエス（Philippe Ariès, 1914–1984）を援用して、掘り下げる。

フィリップ・アリエスは、『〈子供〉の誕生』という書で、「学級の起源」に一章を割いている。そこでは、「いかにして、またいつ、学級は年齢ごとによる区分という性格を獲得したか」という問いが土台となっている。近代になって、「学級」は「年齢による構造化」が「能力ごとの構造化」と関係づけられたものになってきたとしている[20]。

〈同一空間〉における〈同一時間〉という場合、学級のなかのこどもたちは、時間の同一性に縛られているのでは決してなくて、〈さまざまな時間の流れ〉をもって〈共に在る〉のだと思う。学級におけるこの〈同一性〉と〈差異性〉が、つねに視えるような関係性として示されていくことと、それが「障害」児が「共に在る」ことでいっそう新たな関係の創造としてあらわれるようにすること、それが、じつは画一性批判を口実とする〈同一性〉の全的否定と「多様化」「個性化」あるいは「自由化」による能力主義的差別に対決していくために必要なのだと思う。[21]

学級は、相互に似通った均質集団として作為的につくられる。そのようになってはじめて、教師も親も子どももも公正さが保たれていると感じて安心する。しかし、これこそ疑う必要があるのだ。「近代学校は、学級内部の差異を〈同一性〉としてみせかけることを通して、学校での能力主義的支配を実現してきたのではないか。それは、『普通学校』を『差別学校』として存続させ続けているひとつの根拠だとしてよいのだと思う。[22]」

岡村の指摘した「普通学校の差別性」とは次のようなものだ。似通った均質集団として分類した学級を通し、学級間の比較を可能ならしめ、評価によって子どもを管理する。環境や構造の変革ではなく、個人に「課題」を求める能力主義を下支えする普通学校制度自体が差別を抱えているというわけだ。

岡村は、学級の子どもは、〈さまざまな時間の流れ〉をもって〈共に在る〉のだから、そのシステムを問うことは能力主義への問いにもなるとして、近代学校のシステム自体を論じ、「多様化」としての別学体制の問題を指摘していた。

岡村は、臨教審による「個性化」「自由化」という教育改革の問題を次のように端的に述べた。「そこでは、教育における支配・差別を貫ぬく（ママ）ために、画一性批難をすることで、〈同一性〉が伴ってきたその生活共同性を根こそぎして、能力主義・競争原理を確立しようとしているのである。」[23]

3. 教育の自由化・多様化をめぐる論点

そもそも、「多様化」はどのあたりから注目され、用いられるようになったのだろうか。八〇年代、戦後の教育政策で最も大きな転換点とされる臨時教育審議会答申があった。その教育改革の特徴とは「自由化」「個性化」「多様化」などである。これらは教育学研究でも、財界にとっての自由化・多様化であり、市場原理である競争主義を学校教育で強化するものだと論じられてきた。

教育の自由化では「学校設立の自由」「学校選択の自由」「学区制の廃止」などが目玉になっており八〇年代の臨時教育審議会による自由化論は、新自由主義の影響を受けて展開したが、七〇年代から展開してきた日本の教育政策の動向と結びつき、国家再編の方向に合致した。

この時期、六三制の学校制度を改革すべきとする考えが、教育行政や全国普通科高校長会などから出てくるなかで、岡村によれば、複線型学校体系への改編要求が、産業界の側から強く主張されている。こうした動向は、一九七九年一〇月、経済同友会の「多様化への挑戦」と題する教育問題への提言、また一九八〇年一月には「二一世紀への産業構造ビジョンを求めて──八つの先端産業を手掛かりに」の発表に示され、これらの産業における先端技術開発なしには明日の日本資本主義はないともしている。そこで挙げられている産業は、①エンジニアリング産業、②コンピュータ、③都市開発、④情報・通信、⑤原子力、⑥海洋開発、⑦生化学産業、⑧航空宇宙産業などである。いずれも、二一世紀に向けての日本資本主義の活路をビッグ・サイエンスにおける先端技術開発に焦点をあてて、そのための社会、教育体制の確立を示そうとしたものである。[24]

教育多様化論は、公教育による人材養成、労働力の再生産機能という点で、本質的にこれまでと同様、あるいはそれ以上に学校教育そのものを維持する一方、社会の全分野に学校機能を拡散、浸透させ、現実的には学校を相対化させてしまうような〈学校批判〉、あるいは社会教育や家庭教育を重視する考えを抱え込んで説かれている、と岡村は考えた。[25] 岡村が教育多様化論を問題とするのは、社会に学校機能を拡散・浸透させる思想が抱え込まれているからだ。この指摘は、岡村の多様化批判の重要な特質となっている。

岡村は、近代公教育制度の多様化による再編を、新しい国家支配の戦略的構図と位置づけた。教育多様化論を形作る学歴・能力・機会均等などをめぐる「社会に学校機能を拡散・浸透させる思想」は、教育構造の転換を促し、教育再編を導くものであったからである。彼は、「職業・労働の階層化は、あらゆる類の多様化論の根拠であり、課題である[26]」とその産業界との関連を見渡し「多様化」を論じた。

「一九七九年一〇月、財界は『多様性への挑戦』という教育体制の改革に関する要望（経済同友会）を公表した。以上に述べてきたように、多様化の論理は『転換』と『再編』のイデオロギーとして説かれている。[27]」七〇年代における改革の「実績」は、国家による「上からの」行政主導型による改革の強権制と官僚主義の強化、能力主義的に「多様化」された教育体制の確立に結実した。[28]

実は、岡村の師である持田栄一は、七〇年代には早くも「多様化」について問題提起をしていた。「障害児教育は、一般児教育に対する『特殊』教育として、『多様化』された近代公教育学制の最底辺に位置づけられるから、それは、近代公教育そこにおける差別と選別、支配と被支配の体制を超克し止揚することにはならないで、かえってこれを、拡大再生産することとなっているのである。[29]」多様化によって近代公教育が拡大再生産されるという指摘は、岡村に引き継がれている。さらに、持田の多様化をめぐる批判を見てみよう。

「形式的には万人に平等に開かれた単一的な学制をとりながらも、その実質において、能力主義教育にみあった形で、分化され多様化される。それは、形式的には、子ども、親、教師、地域住民による教育共同体の形をとりながらも、教育を受ける者と与える者、委託する者とされる者、計画する者と実施する者の分業を基礎とした、重層構造として構成される。[30]」持田は、近代学制は、能力主義的教育を保障し、労働力商品形成を全社会的規模において保障するために、形式的には単一型をとりながらも、その実質的内容においては、分化され多様化されたものとして構成される、と批判した。[31]多様化は、労働力商品としての能力主義教育を保障するための方法なのだ。

東京大学教授であった持田栄一は、五〇代になってすぐの一九七八年に早逝する。後を継いだ岡村達雄は、近代公教育制度の八〇年代以降の展開を読み解き、公教育再編の状況は、総合安全保障体制と結びついた第二臨調、行政改革による国家体制の再編とのつながり、産・軍・学の新しい秩序の戦略的形成に危機感をもち、世に問うていた[32]。「学校というシステムが、現実の社会の中で、それ自体で問われるような独立した存在でないことも明らか[33]」として、社会状況を視野に入れ岡村は近代公教育制度が「自由化」「多様化」の名の下に変容してゆく意味を論じている。八〇年代の「臨教審」による教育改革の展開は、新自由主義政策による国家戦略としての「自由化」という構図をつくりあげたのだ[34]。

「公教育というシステムが、いまや日本の資本主義社会の『発展』にとって一定の障害や隘路と」なった「背景には、八〇年代に入っての臨調行革路線による民間活力導入にみられる国家－産業体制の再編がある[35]」。

「自由化論」が、アメリカのフリードマン流の新自由主義の受け売りにすぎない部分をもちつつも七〇年代から八〇年代にかけて展開してきた日本の教育政策の動向と結びつき、行革臨調による国家再編の方向と基本的に合致し、それが提起した問題状況を重く見た[36]。「こうした問題状況にあって、国家や資本は自ら依拠してきた、それまでの学校のあり方そのものへの『批判』、それによる『大衆意識としての学校批判』の組織化をなによりも必要とするようになった[37]」。八〇年代以降、国家が市民社会の学校批判を必要として、自由化を進めたという。

「『自由化論』は、学校をめぐる新しい戦略的構図をつくり出した。たとえば、『公教育擁護論』は、一方では、教育における平等保障という点で、他方では、教育への国家支配権の維持という点で、教育の機会均等理念として公教育の擁護を主張することになった。前者は日教組が、後者は文部省が主張するという具合いで、従来利害対立していた両者が、意図を異にするとは言え、結果的には『公教育擁護』という点で同列に並ぶことになったのである。」擁護論は「公教育の中の学校」を基本的には認めるものであり、運動側の公教育擁護論は、学校批判のリアリティを決定的に失っていた。それは、国家によって組織されてきた学校そのものへの批判という視点をもちえなかったからであり、教育の国家支配に反対していく運動全体に大きなダメージを与えた[38]。

岡村は、国家によって組織されてきた学校への批判ではなく、「公教育擁護」という方向に運動側も舵を切ったところに、問題の所在を見る。公教育擁護の運動側と文部省に対して、国家は市民社会の学校批判を利用し、八〇年代からの自由化を進めたという見立てである。

「教育多様化論を構成する学歴、能力、教育の機会均等などをめぐるイデオロギー状況は、教育構造の転換をサポートし、くわえて八〇年代教育再編をみちびいていくものとしてあらわれている[39]。」

すなわち、岡村のいう教育多様化の問題の核心とは、国家が社会の全分野に学校機能を拡散、浸透させ、社会教育や家庭教育を重視する「教育化」という状況である。「教育化」の内実とは、近代公教育体制の再編としての教育の拡大再生産である。社会に学校機能を拡散、浸透させる社会的包摂としての「教育化」は、能力主義的な教育の拡大再生産を導くことにもなる。

岡村は教育多様化の論理のなかに、子どもの生きるプロセスを、生活や暮らしをベースに見るのではなく、徹底して「教育化」してゆくことのリスクを見出していたのであった。人間としてのあり方を前提にする学校ではなく、国家における教育を合理的に行う場としての学校に警鐘を鳴らしたのであった。

また、リベラリズムは排他的であるとして、岡村は次のように述べていた。「近代学校の〈同一性〉の批判者たろうと振る舞う『教育改革』論者たちは、能力主義、多様化論、個性化論によって、『障害』児たちが、みんなといっしょに、共に生き、共に育とうという自由を認めず、排除し、分け隔て続けるだろう。[40]」

学校を批判し多様化論に向かう論者たちは、近代公教育体制の再編としての教育の拡大という論理を見ず、多様な場の社会的包摂によって、能力主義的な再生産が招かれる。岡村は、教育多様化論を形作る能力・機会均等などをめぐる教育化の思想は、構造転換、教育の拡大再生産を導くと位置づけた。岡村における問題としての自由化は、国家の管理の思想である「多様化」を用い、「障害」児を排除し、別学体制をつくることで公教育擁護による教育の量的増大を促進することと、整理しておきたい。

岡村は、八〇年代における「構造型多様化」政策は、たしかに社会内部に価値観や行動の多様化のための意識を醸成してきたが、同時に、社会的公正や教育上の公正さを後退させ、階層化の新たな進展、不平等・不公正を増大せしめている、と指摘した。とりわけ、国家による学校制度の複線系化、多様化政策は、基本的には産業・経済・社会構造の再生産に対応する公教育体制の再編としてすすめられてきた、と述べた。その上で、「教育制度の多様化政策は、教育の多様化という現実をつくりだしてきたという点では、政策的な成功を手中にしてきたのであるが、反面、学校体制を左右するほどの要因として『不登校』の急激なひろがりを加速化させてきたという点では、政策上の矛盾をふかめさせるものとなってきたのである。[41]」

次に、岡村の不登校をめぐる議論を参照し、二〇一六年に施行された教育機会確保法に関して流れを確認した上で、岡村の多様化論の視点から検討したい。

4．教育の多様化をめぐる取り組み――「不登校政策[42]」としての教育機会確保法へ

フリースクール運動について取り組み、岡村とともに研究を行ってきた徳岡輝信によれば、「現在の日本は制度的画一性を基調としつつ、それが産みだした『病理現象』を克服しようと多様化への道に乗り出している[43]」。フリースクール運動もまた、この近代学校の矛盾した学習過程への批判をその出発点に持っていたという[44]。

岡村は、「不登校」という社会現象の背景には、教育を受ける権利の公的、社会的保障の立場から当然視されてきた就学が、子どもにとっては「強制」となっていたと指摘し[45]、「学校化社会の中の不

登校」という論考で次のように述べている。

「学校のおかしさの全体が子どもたちの存在を規定している。子どものものの感じ方・考え方、行動様式、人間関係の世界はその全体と無縁ではない。だから子どもの登校拒否や不登校をこの全体と結びつけることなく、いくら個々の理由をつみ重ねて分析したり説明してもしきれないだろう。むしろ問題は、このおかしさの全体を構成しているものを明らかにすることだ。」[46]

また、「『不登校』と『多様化』政策との関連をめぐって」という論考では、「普通教育」それ自体を問うている。一九九〇年七月に「学校不適応対策調査研究協力者会議」が設置され、その後の検討を経て、同会議は一九九二年三月に「登校拒否（不登校）問題について――児童・生徒の『心の居場所』づくりを目指して」という最終報告書を公表した。半年後の九月二二日、文部省通知によって「民間施設〝通学〟」も学校への「出席扱い」とする施策として現実化された。

「義務教育段階における学校教育法第１条に規定する学校以外の『施設通学』を法定就学期間として認知するという問題は、戦前以来の近代日本における義務教育をめぐる制度、法的観念、社会意識にかかわる重要な問題を含んでいる。……つまり、『民間施設』においても結果的に〈普通教育〉が行われたことを認めることになるからである。」[47] 居場所が「出席扱い」として「認められた」のだ。この政策によって、学校適応に抗していた子どもの居場所は学校教育の場として統合され、国家の教育へ包摂されることになった。

岡村によれば、教育の権利保障が人権の保障ではなく、権利保障の名による自由の抑圧という近代公教育の本質の一面を顕在化させているものであり、それが権利主体とされてきた不登校の子ども自身によって明白にされたという。「こうした事態に対する国家の対応は、義務教育の法的たてまえ（就学義務履行）と現実の不就学との実体的な不一致を、民間の機関・団体・施設への『通所』を就学類似行為と公認することで、義務教育の対面を維持する[48]」と指摘した。

さらに、教育法学会の公共性論の問題にも触れている。

そこでは問題は「学校で学ぶ権利から疎外された一〇〇万人の子どもたち」に「どのように学習と発達の権利を保障するか」なのである。「このような学校『脱落』者を産み出さない学校を創りだすこと、あるいは『脱落』した彼らにあった教育の場をあらたに創り制度化することは、すべての子どもの教育権、発達権保障をその『公共性』の内実とする日本の学校にとっての試金石となってきている」という空恐ろしい論調がそこに満ちている[49]。

「権利の保障が一面では差別や支配にほかならないということが、七〇年代から八〇年代にかけての状況のなかで典型的に生じたということを記憶しておかなくてはならないであろう[50]」。岡村は、権利保障と国家の関係において、国家が望む方向性への権利保障、差別の正当化としての権利保障という意味合いを指摘している。

それでは、次に現在の「教育機会確保法」について岡村の論点から見ていこう。「教育機会確保法」

を求めた運動の特徴の一つは、不登校の子どもの別学体制を制度化することである。

岡村の別学体制への批判論理とは、近代公教育において、学校でのみ「普通教育」が行われるという体制が再編された点である。その教育多様化批判に内在する論理とは、「多様化」を用い、別学体制をつくることで公教育擁護による教育の量的増大という構造が促進されてゆくことであった。

「教育機会確保法」は、二〇一六年一二月一四日に公布された。第一章総則でその「目的」は以下のように記された。「この法律は、教育基本法（平成十八年法律第百二十号）及び児童の権利に関する条約等の教育に関する条約の趣旨にのっとり、教育機会の確保等に関する施策に関し、基本理念を定め、並びに国及び地方公共団体の責務を明らかにするとともに、基本指針の策定その他の必要な事項を定めることにより、教育機会の確保等に関する施策を総合的に推進することを目的とする。」

同月二二日に追って出された「通知[51]」では、次のように記された。「法や附帯決議の趣旨を踏まえ、個々の不登校児童生徒の状況に応じた支援が一層適切に行われるよう、留意をお願いいたします」と、「個々の不登校児童生徒の状況に応じた支援」が強調された。

不登校の子どもの学校外での学習を新たな教育制度として位置づける法案づくりは、超党派の国会議員連盟が進めた。法的にあいまいだったフリースクールが公的に位置づけられるとして期待を寄せる関係者がいる反面、公教育による包摂に対して問題を指摘し、市民運動も意見が分かれた。

不登校の取り組みを長年担ってきた東京シューレの関係者や、運動を支える研究者が参加して展開した制定運動は文部科学省の意向と重なり、法案提出に至った。追って、法律をめぐり批判的な分析も続出するようになった。

石井拓児は、法律が「公教育制度原則をどのように転換させるものであるのかを確かめ、本法案が新自由主義教育政策の一環として位置づくものである」[52]とした。谷口聡も教育機会確保法の背景には、「教育再生実行会議第九次提言で示されたように、個々の『能力に応じた』教育制度への再編という政策がある」[53]と批判した。

筆者は、二〇一五年に法案についてのインタビューのなかで「教育の民営化が進んでいるそうですが?」という問いに対し、次のように答えている。

「民営化を促進しているのは、世界銀行や国際通貨基金で、低学費学校のチェーンに投資するなど、どんどん民営化が促進されています。国際的に、そういう大きな潮流があるわけです。……日本でも教育行政がお金をつけたら、資本は飛びついてくる。パイの奪い合いになります。今回の『多様な教育機会確保法案』は、まさにこの公式にぴったり当てはまる話です[54]。」教育にとっての「自由化論は財界にとっての自由化・多様化」だと危惧を述べた。

しかし、法律制定運動を支える人々は、自分たちの置かれている状況の厳しさを中心に「個々の不登校の子どもの状況に応じた支援」という論理を構成していった。

では、法案をリードした市民運動の研究者たちの意見をみてみよう。

汐見稔幸は、「普通教育における多様な学びの場の広がりの必然性」と題した論考で、以下の国の教育再生実行会議の第五次提言を評価する。

国は、小学校及び中学校における不登校の児童生徒が学んでいるフリースクールや、国際化に対応した教育を行うインターナショナルスクールなどの学校外の教育機会の現状を踏まえ、その位置付けについて、就学義務や公費負担の在り方を含め検討する。また、義務教育未修了者の就学機会の確保に重要な役割を果たしているいわゆる夜間中学について、その設置を促進する。

汐見はいう。「こうした文言が政府文書で描かれることは、一種類しかない学校制度がある程度限界に来ていて、新たな教育を模索しているフリースクールやインターナショナルスクールなどの位置付けについて、国としても前向きに検討するべきだ、いやせざるを得なくなった、という気持ちを語っているとみることができます。フリースクールであろうと、インターナショナルスクールであろうと、将来の有為な人材＝国民を育てようとしていることに変わりはなく、国民の価値観が多様化していけば、希望する教育の形も多様化せざるをえないだろう、すでにそうした動きがあるのだから、その動きを前向きに位置付けていく議論を始めるべきではないかという認識です。[55]」汐見は、国民の人材育成としての教育の場として、フリースクールなどの位置付けを考えていることが分かる。

また、喜多明人は、法律の略称について次のように説明する。「この法律の略称について……本法の名称が長すぎることもあり、これまでいろいろな略称が使われてきました。Ａ＝教育機会確保法、

B＝義務教育機会確保法、C＝普通教育機会確保法などです。今回は、本のタイトル、論文タイトル上は一般用語としてAを用いましたが、本文は、同法の基本理念に従い、Cを用いることにしました。さらに言えば、Cを使うことで、この法律が憲法二十六条に直結する法律であること、義務教育だけでなく、高校、大学段階の普通教育機会の確保に含みをもたせたいという意味があります。[56]」喜多は「普通教育」の機会を広げようという前提で取り組んでいたことが分かる。

法案を進めた代表的な研究者二人の言説から、この法律が「国民の人材養成の場である普通教育の機会を広げる」ことを目的としていることが分かる。これは、岡村の教育多様化論批判と真っ向からぶつかる。岡村は、「人材」としての教育における国民養成を問い、「多様化」政策による国家の教育の拡大再生産を問うていた。子どもの生きる場は多様であり、学校化や教育化という名の下に語られる多様「化」を問題としていた。権利保障という形で教育管理が進展するリスクを論じ、「どのような意味で自由が求められたのか」が重要と述べていた。

岡村によれば、校区の学校に行かないでそれとは別の学校に就学する「自由」を得たものや、あるいは学校に反対したり、疑いを抱きながらも通い続けた子どももいたであろう。しかし「そこでは、ひとりひとりの人生にとって、勉学や通学は誰もが体験する境遇であり、ひとつの『試練』なのだとする通念が控えていて、国家と学校はいったいどのような資格で個人の生き方を左右しうるのかという根本的な問いが社会に向けて開かれていたわけではなかった[57]」。彼は、国家と学校は個人の生き方を左右しうるのかを問うている。

岡村は、いつの時代も「隔離」は正当化されるとし、隔離・監禁は、それが政治的支配にもとづく国家・公権力の行使として行われる場合にせよ、非権力的な同意・諒解・受容のもとでなされる場合にせよ、社会における人間の生存のあり方としては常に例外的であらざるを得ない、と述べる。このような世界をおおう重層的で巧妙な教育の拡大再生産のなかで、たとえ部分的な「解放」がいずれか一つの分節をめぐってなされたとしても、それは、構造そのものを揺るがすどころか、かえって構造を強化することさえあると考えたのであった。[58]

最後に、不登校の子どもが「認められる」という論理を求めた市民運動側の認識に対しては、中野敏男の指摘を提出しておきたい。

> 権利が単に多元主義的に拡大されたり（『ひとつの生き方として認めるよ』）、アイデンティティの多元性が認められる……だけでは全く不十分なのである。むしろそこに、不可避な〈抗争〉があることが認められなければならないのである。すなわち、「多様な差異を組織して自己同一性をうちたて」ようとする営みそのものが、必ず選別と排除を含むということ……存在が「許可される（！）」のを求めるのではなく、アイデンティティを支配する既存の価値序列そのものを問題にしなければならないからである。[59]

アイデンティティの承認に着目するあまり、多様化（多様な教育の場の制度化）を無批判に置き去りにしていたとすれば、かかる問題は今日にいたるまで継承・増幅されているといわなければならない。

ここまで見てきたように、岡村は「養護学校義務化」「不登校政策」を産業界に同伴した近代公教育体制の再編戦略と位置づけ、「多様化」というキーワードによる教育の拡大再生産という問題を指摘した。教育の多様化の問題を、社会の再生産との関連で理論的にとらえ返していたのであった。

一方、教育機会確保法案を進めた主要な研究者は、不登校の子どものアイデンティティの承認に着目し「普通教育における多様な学びの場の広がり」[60]、すなわち普通教育の機会を広げることを目的とした。

近代公教育の拡大の問題から見ると、居場所やフリースクールに学校的機能を拡大することによって、人々の意識が学校教育へと一元化されていく。今日的な状況を見据えて考えると、岡村が、結果的に能力主義的な教育の拡大再生産、また普通教育への権利保障の孕む問題を指摘し、そこから教育の多様化批判を構成したことは注目に値する。

進学文明というものが、表面的にいかに圧倒的にみえようとも、これが特殊な社会意識を軸に形成されているにすぎないこと、そうであれば、少なくともこのような世界にかかわらない、あるいはかかわりたくないという人々の生き方が肯定される、否、積極的な価値として認められることがぜひとも必要である。「国民の教育要求は、立身出世要求から生活要求を含んだ人権要求へと発展してきつつある」（『教育制度検討委員会答申』）などと迎合し、人々の意識を学校へ一元化していくような発想は否定さるべきである[61]。

尾崎ムゲンのこの指摘に「まったく同感」として、岡村は「『進学文明』の世界にかかわることなく生きていこうとする人びとが、この世界をささえる特権や価値が無化され、不利益をうけず、差別されることなく平等に生活しうる現実的諸条件によって保障されるような社会変革への構想[62]」と、その展望を述べていたのであった。

第6章　「子どもの貧困」という隠蔽――釜ヶ崎の社会史から

事件の本質は、資本主義社会における階級支配の鉄則、すなわち差別・分断・支配にあり、「生産に役立たない者は死ね」にある。
小柳伸顕
『釜ヶ崎現場ノート　1975～2007年』二〇一一年

二〇〇〇年代から新たな貧困として「若者の貧困」「ワーキングプア」などが問題化され、同様に「子どもの貧困」が「発見」されてから、一躍ブームとして取り上げられ、政策の上でも目玉となってきた。以降、研究の分野でも子どもの貧困研究は一定の注目を浴びてきた。

「子どもの貧困」というキーワードを取り出し問題化することによって、処方箋はその延長線上に浮かび上がる。子育て支援や学力保障という個別救済につながれ、対象を子どもや子どもの親と位置づけることで、政策が進行している。「子どもの貧困といえば六～七人に一人」という言説は広く流布した。何かできることはないか、ならば居場所づくりを、子ども食堂をと、心ある市民たちはあちこちで活動をしてきた。それらの活動は貴重で、子どもの食や空間を準備しつつも、一方で政治に動員される状況にもなっている。なぜ、子どもがそういう状況に落とし込まれるのかという問題の核心自体が、回収されてしまうからである。

貧困研究の一部では、「○○の貧困」という扱い方を「冠貧困」と鋭く指摘し、問題を矮小化し、それ自体が政治的なものであると批判されている。しかし、「子どもの貧困」が注目され、ニュースになり、子ども支援が広がっていくのとは裏腹に、そもそも貧困がなぜ生まれ広がっているのかという原理的な研究は、圧倒的に少ない。何が貧困を広げ、固定化させているのか。企業の利益増大や資本の構造、それらを支える形で回っている統治の方法としての教育や社会保障までをいかに見通すのか。

島和博は、いわゆる「いじめ問題」における虚構を指摘する。「『いじめ問題』としての問題化は、真に問われるべき問題、すなわち、私達の社会の基底的リアリティである、支配／被支配と差別／被差別の過酷なリアリティ、を非問題化することによってはじめて可能となった[1]」という。本章では、歴史に学び、現実と思想を往復しながら、子どもの貧困の原理的問題を考察する。社会保障や救済の視点をスタートに考えるのではなく、貧困を社会全体との関係でとらえなおし、どのような問いの立て方をしたら「子どもの貧困」が問題化されるのかを問おうとする。現状の「子どもの貧困」という問題の立てられ方によって、本質的に問題化されていないのはいったい何なのかを検討したい。

まず、「子どもの貧困」の問題の立てられ方を整理し、現在の論点の状況を見る。その上で、個別救済におおむね総括されている「子どもの貧困」への対応について把握する。さらに、都市における「子どもの貧困」の原点として釜ヶ崎の社会史をとりあげ、その貧困をつくりだす構造がそもそもどこにあったのかについて考察する。最後に「子どもの貧困」をクローズアップすることによって、何が問題化されていないかについて論じる。

1．「子どもの貧困」の問題化

（1）勤労世代の貧困

日本では、すでに一九八五年に子どもの貧困率は一〇・九だったが、九〇年代初頭のバブル崩壊以降の悪化は著しかった。二〇〇九年から厚生労働省は貧困率を公表し[2]、この調査によって、ひとり親世帯の貧困が顕在化した。二〇一一年の全国母子世帯等調査によると、日本は主要国のなかでひとり親世帯の生活状態が最低ランクであることがわかった。ＯＥＣＤ加盟国のうち日本のみ、ひとり親世帯の現在の貧困率が五〇％を越えているという事実は、国内外から指摘されてきた。

男女差別的な雇用と賃金、それを是正しようとしない社会保障、温存する家族規範などの制度と価値観の両面から、シングルマザーは追い詰められてもいる。子どもの貧困率と一般世帯における貧困率（相対的貧困率）は連動しており、むしろ勤労世代の貧困が子どもの貧困につながっているのだ。

すなわち、子どもの貧困は子ども固有の問題ではない。「子どもの貧困」という問題の立て方は、社会保障と市民社会の価値観が抱える問題を見逃すことにならないだろうか。

（2）「子どもの貧困」対策としての学習支援

では、子どもの貧困対策はどのように展開しているのだろうか。

二〇一四年から施行された子どもの貧困対策法では、以下に示す重点施策が提案された。①教育の支援②生活の支援③保護者に対する就労の支援④経済的支援、他に、子どもの貧困に対する社会指標の体系的収集、調査・研究などである。

近年の特徴は、子どもへの「支援」というカテゴライズであり、子どもの貧困対策として、自立支援プログラム、学習支援・居場所づくり支援事業などが施策のスタンダードとなっている。個人への自立支援という枠組みが強固になっている。

大人の貧困層に対しては、就労自立が唱えられ、不安定な労働市場への放出が常態化してきた。[3]政府や各自治体は社会保障費削減を「自立支援」政策にすり替え広げてきた。子どもの貧困対策も、教育における自立支援版として、すでに自己責任モデルで展開してきた教育分野と連動して進行している。子どもの貧困とは学力格差の問題である、と学力保障が強調され続けている。

たとえば、「大阪府子ども総合計画」（平成二七年）における「子どもの貧困対策の方向性」「具体的取組」は、次のようになっている。「学校をプラットフォームとした総合的な対策の推進」として学校教育による学力保障、学校と福祉等関係機関との連携、地域における学習支援などである。

学力保障の機会が与えられ、頑張った子どもは報われるという政策である。「学歴は学力によって決まる部分が大きいから、不平等の存在自体は業績主義によって正当化される。しかし当該の学力自体が本人の能力や努力によって決まるのではなくて、それ以外の要因によって決定付けられるとすると、業績主義自体が崩壊し、現存する不平等を正当化することができなくなってしまう。子どもの学力が親の収入の影響を受けていることはすでに実証されている」[4]。学力保障は業績主義に支えられ、教育状況や労働市場の地位に結びつき、逆説的に社会的排除を再生産している[5]。しかし、不平等の存在自体は業績主義によって正当化されている。すべてが公的に抱え込まれた上で、自己責任として切られていく今日の状況に対し、自立支援施策や学習支援という市民社会からの保護や包摂もある。

ただ、この働きに対しては、ペックとティッケルによって、次のように指摘されている。

街づくりや社会福祉などの分野では、「地域」を選択的に流用し、社会資本とする手法が確立され政策開発のパートナーシップとしてプログラムづくりが行われている。地元ボランティアによる居場所作りなどである。それは、治安や労働政策分野でも、緊縮財政という正当化によって、新自由主義の目標に奉仕する[6]。

ペックらは、新自由主義を「ロールバック型」と「ロールアウト型」の二つに分けている。「ロールバック型新自由主義」においては、国家は小さな政府を志向し、市場から撤退(ロールバック)していく。たとえば一九八〇年代イギリスのサッチャリズム等がこれにあたる。そこでは企業活動の

	ロールバック新自由主義	ロールアウト新自由主義
社会原理	自立、リベラリズム 個人化、参加 アクティベーション	＋女性の活躍 個別最適化 持続可能
思想・政策	自己責任、相互扶助 ワークフェア	＋地域責任 ワーク・ライフ・バランス
市民社会	自助・ボランティア 街づくり・居場所	＋共助 支援
国家	規制緩和 民営化	積極的役割

※ 筆者作成

「自由」と、そのための規制緩和と民営化が何よりも重視される。

これに対し「ロールアウト型新自由主義」においては、国家は市場の自由を最大化するためにむしろ積極的役割を果たしていく。そこでは、あらゆる市民が「アクティブな市民」となり、その「能力」を発揮し、国家の肩代わりをすることを期待され、促される。[7]

貧困支援＝学習支援とみなす対応は、教育現場では一九六〇年頃から広がってきたものだ（第7章参照）。しかし、学習支援を解決策と考えてきた阿部彩も「社会保障実態調査」をもとにした大規模データを用いて行った調査からは、教育投資のみによる貧困の世代間連鎖の解消は不可能であるとの修正を示した。[8]

それでは、子どもの貧困、すなわち親たちの貧困はいかにつくりだされたのだろうか。貧困をめぐる都市化と農村問題は通底しているが、全国から集まった働き手がいかに貧困構造のなかに取り込まれていったのかを戦後の釜ヶ崎の歴史から学びたい。

２．「子どもの貧困」以前――釜ヶ崎の不就学児童

（１）労働運動の新しい視点

近世日本史における貧困について研究している木下光生は、次のように言う。

一九世紀以降に……全国均質的な近代中央集権国家が誕生して、国と地方の財政が公共化され、国家次元での救貧法体制が目指されるようになると、途端に公的救済の受給者は社会の「負担」とみなされ、受給者を「依存者」扱いする発想が急浮上する。[9]

近代の中央集権の誕生とともに、貧困ゆえの受給者は社会の負担と認識され「個人化」されはじめたことが見て取れる。

横山源之助は、貧民ルポルタージュを試み、社会学の古典である『日本の下層社会』（明治三二年）で劣悪な労働状況を実証的に明らかにした。彼は、日清戦争をきっかけに社会の尺度に変化があったことを「日本の社会運動」という論文で述べた。「今一層我が平民社会に教育普及せば、今日の如く政治家者流のなすがままに平然たるべきにあらず」と、下層社会の社会問題の解決は国民教育の普及

にあると述べている。これは、この時期の社会・労働運動で捉えられた新しい視点であった[10]。日清戦争の結果、勃興した機械工業は労働問題を引き起こし、労働運動が起こった。社会・労働運動は、明治三〇年代にその展開をみる。それは、日清戦争後の社会問題の高まりに対する社会改良の動きから形成され、労働運動では権利保障の獲得がその目的とされた。

明治初期の社会主義の人々は、国民を教育するのは国家の義務であり、教育を受けるのは国民の権利であると考えた。それは、スタートにおいて教育の機会から外されている貧困層の子どもとその生活の現状改善のために発想された論理であった。貧富の差と教育の関係が意識され、教育を経済的平等実現のための手段とみなしたのであった。明治期の社会・労働運動によって、生活の改善のために要求された教育は、やがて教育権として成立した。運動側の目的は生活の改善であった。しかし、時代の流れのなかで教育の目的は学力を子どもにつけさせるという学力保障に移行していくことになった。生活改善が近代の「教育」に回収され、学力保障として一般化してゆくのである。生活改善が学力保障へと引き寄せられる戦後のケースとして、釜ヶ崎の子どもの社会史をとりあげ、問題の核心についてみておこう。

（2）高度経済成長期・釜ヶ崎と子ども

釜ヶ崎は、工業化、都市化のもたらした典型であった。釜ヶ崎が形成された動機は、大阪経済のかさ上げとされた一九〇三（明治三六）年開催の第五回内国勧業博覧会と関係している。現在の浪速区日東町付近にあった長町（スラム街）が釜ヶ崎へ移転集中された。その理由は、博覧会に出席する天皇にスラム街を見せてはならないというものであったが、そもそも大阪市内にあったスラム街を当時、市域外であった釜ヶ崎に移す意向があった。長町の最初の移動案は一八八六（明治一九）年である。都市が拡大するにともない、中心になってしまった長町を、コレラ流行を契機に、市域の外へ移転させようと大阪府はもくろんでいた[11]。

一九五〇年代後半から六〇年代にかけて、高度経済成長とともに港湾を経由する荷物の量は急激に増大した。必要とされる労働力の量も大幅に変動した。その調整弁となったのが、釜ヶ崎の日雇い労働者であった。活況を呈した高度経済成長期の釜ヶ崎も、資本の使い捨て材料としての労働者たちの命を縮め、奪う現場であった。

高度経済成長期の入り口に、港湾・海運資本に対し柔軟かつ迅速な労働力を供給する合理的な労働力供給システムとして、手配師や飯場が採用された。早朝にトラックでその日に必要な労働者を確保するというシステムである。労働時間や加重労働、ピンハネなどを含め手配師による暴力やリンチも横行し亡くなる者もあった。資本にとっての経済合理性とは、労働者にとってみれば、きわめて不条理な暴力と搾取の経験であった[12]。

六〇年代後半から七〇年代にかけて世界的なコンテナ化の波は、荷運び日雇い労働者を切り捨てていった。オイルパニック後の不況で、仕事にあぶれた労働者たちが路上で寝泊まりする「アオカン」が激増し、ひと冬で百名以上が路上死した。

労働者たちは、寒い真冬の真夜中の公園で、少しでも体を温めようとワンカップのお酒を飲んでうたた寝し、焚き火に顔をつっこんで火傷をし、夜回りでは、その手当も日常的であった。路上のあちこちで労働者が横になっており、その労働者を襲う「シノギ」も後をたたなかった。

一九六〇年ごろの釜ヶ崎の子どもは、父が日雇い、母が旅館の掃除婦という形も多かった。日払いアパートの家には昼間誰もおらず、朝、「これで昼たべとき」と十円玉をいくつか握らされ、金のないときは「自分で何とかしいや」と言われた[13]。一世帯当たりの畳数は平均二・二畳、一人当たりの畳数は〇・八畳であった[14]。

六八年五月から七五年六月まで、大阪市教育委員会嘱託ケースワーカーとして釜ヶ崎にある大阪市立あいりん小中学校で働いたのが、日本キリスト教団の牧師でもあった小柳伸顕である。彼は日本初のスクールソーシャルワーカーである。著者も旧知の小柳氏は二〇二一年春に『釜ヶ崎現場ノート1975~2007年』を私家版で上梓され、送ってくださった。三〇年以上にわたり釜ヶ崎の現場で何が起こっていたのか、またそれはどのような構造のなかから生まれたのかが、すぐれた筆致で叙述されており、貴重な記録となっている。

一九六〇年には、釜ヶ崎の不就学児実態調査を府青少年補導センターと西成警察署が共同で行った。二〇〇名に上る不就学児のいることが明らかになった[15]。父子家庭が多かった[16]。小柳氏によると、約三〇名の子どもが地域の学校に入学したが、社会的な条件によって学校側から登校を拒否され、不就学児対策は進まなかった。出生届が出されていないので就学通知書がなく入学できない子ども、親の都合で住民登録ができず就学できない子どもなどであった。

そのままに、一九六一年八月の「釜ヶ崎事件」を迎えた。「釜ヶ崎事件」とは、日雇い労働者がタクシーに轢かれ死亡したまま、むしろをかけられ放置されたことから発生した暴動であり、一連の暴動のはじまりの第一次暴動は一九六一年八月一日から五日である。この暴動に関して次のように記されている。「釜ヶ崎の労働者がどれほどのエネルギーを日本の産業に安く吸いとられているかは、一々例証するまでもない明白な事実である。つまりエネルギーは潜在しているのではなく顕在しているが、それを巧妙にまた冷酷に他人のためにだけ消費させられていたということだ。暴動は、もうそれじゃイヤだ、イヤなんだ！と怒ったわめき声である。[17]」

暴動後三週間が過ぎた八月二五日、大阪府と市による連絡協議会で、釜ヶ崎の不就学児のために「三五〇人を収容する養護学校」を立てるという案が出され、九月には中尾教育長は「不就学児の教育対策は、教育委員会の責任において断行する」と言明した。[18] 一九六一年には全国の義務教育就学率は九九・八二％となっており、「就学」は国民の基本として定着、警察・学校ともに「就学」が解決への手立てであるという認識は一致していた。問題は「家庭の監護に期待のかけられないこれらの子供こそ、学校生活によってよい社会人となるよう（防犯コーナー、婦人警官）」、非行につながる不就学児を減らすことであった。

実は、あいりん小中学校ができた「直接の動機は、六一年暴動に不就学の子どもがたくさん参加し、投石するのを見て、治安対策として、急遽、学校が開設された[19]」ことにある。その後、何回かの暴動にも子どもたちは参加し、投石した。暴動があると、教員たちは夜、巡回し、子どもたちに家に帰るよう呼びかけたのであった。治安対策としての学校への包摂であった。この暴動に伴い、不就学児対策は府青少年補導センターから教育委員会案件へ移行した。この移行は特筆すべき点である。治安対策としての「教育」が用いられる連携は、この時期まだ珍しかった。

以降、子どもの貧困を、教育や学校による統治で乗り越えようという発想（それは学習支援につながる）が教育現場で広がってゆく。釜ヶ崎資料センターの「あいりん学園――新今宮小中学校」の資料からこの時期の釜ヶ崎の子どもの就学化の動きをみておこう[20]。

あいりん学園は名前を変えつつも、一九六二年から一九八四年まで存在した。「あいりん小・中学校」の存在は不就学児にも保護者にとっても貴重であった。一方で、地域の小・中学校が不就学児たちの登校を許さず排除したため、あいりん学園が誕生し、不就学児たちを包摂したこと自体への問いは、隠れてしまったのではないか。それは、現代の不登校の子どもに対する教育機会確保法の現状と重なる。制度をつくり、排除されたものの「居場所」をつくるという名目で、国家の責任をずらし、社会的リスクを防衛している点を覆い隠しているからである。

小柳氏は、釜ヶ崎という日雇い労働者の街の出現を次のように説明する。釜ヶ崎が「日雇労働者の

あいりん学園の歴史

1961年12月19日	不就学児童生徒の実態をたしかめるため、市教育委員会主催で西成市民館講堂にてクリスマス子ども会を開催。 参加児童生徒は70数名。
1962年1月12日	新年子ども会を開催し、参加児童生徒約50名。 保護者に就学を勧奨し、約50名の入学願いを受理。
1962年2月1日	就学願の出された54名の児童生徒を受付け、大阪市立萩之茶屋小学校分校・大阪市立今宮中学校分校の形であいりん学園と称する。小学部2級、中学部2学級編成で、仮校舎のため小学部・中学部各1教室で授業を開始。同日付けで府教育委員会より特殊学級（現養護学級）として認可。
1963年4月1日	大阪市立あいりん小学校・あいりん中学校として独立開校、初代校長港一敏、通称名「あいりん学園」はそのままとする。中学校3学級・小学校6学級。
1967年12月	大阪市があいりん総合対策を発表。 Aブロック案：あいりん総合センターの建設 Bブロック案：1～2階は保育所・児童館・生活館、3～5階はあいりん小中学校、6階以上は住宅、運動場は公園を利用。
1970年1月	朝食欠食児童生徒に対し給食の支給予算が配当。
1973年12月22日	新今宮小・中学校と改称 新校舎へ移転 (新住居表示　西成区萩之茶屋1-9-24)
1980年7月10日	あいりん地区教育対策小委員会が発足。校長会・市教組南大阪支部・PTA協議会・解放同盟・地区諸団体を結集し、児童生徒数の激減する新今宮小・中学校の将来構想や地区内諸学校に於る「あいりん教育」のあり方について意見を交換する。
1981年4月1日	新今宮小学校児童数ゼロとなる。
1984年3月14日	中学校最後の卒業式を挙行。卒業生3名。

出典：「新今宮小・中学校沿革」釜ヶ崎資料センターHP

街の性格を帯びてきたのは五〇年代から六〇年代にかけてであるが、そこにもまた時の為政者の意図を読み取ることができる。一九六〇年の石炭から石油へのエネルギー転換政策と農業基本法制定は、日本経済の高度成長の基盤となった。重化学工業化の推進と炭鉱離職者と離農した農民たちの都市集中化が同時進行する。この都市へ流出した人びとは、高度成長下で『安くて豊富な』労働力として重宝がられる。この時期に、釜ヶ崎の性格が大きく変えられた[21]。」

高度経済成長期からの釜ヶ崎の変容や現場の一つ一つの地道な活動は、生活保護政策や結核に対する行政姿勢を転換させ、闘いの成果はたくさん生まれた。同時に「結果が何に由来するか、原因は何かと突きつめ、そこへと迫って[22]」いく必要があった。

一九八二年一二月から八三年二月にかけて、横浜市内で浮浪者が次々と殺傷された事件は「浮浪者狩り」として注目された。小柳氏は、この現実は「教育」の結果だとし、「教育の再編成」や「非行対策」や「人権教育」で解決できるものではないという。「事件の本質は、資本主義社会における階級支配の鉄則、すなわち差別・分断・支配にあり、『生産に役立たない者は死ね』にある[23]。」中学生による浮浪者殺傷事件の深層には、「生産第一・能力主義」があるとされる。

釜ヶ崎の中心にあるわかくさ保育園は、福祉事業の先駆者・石井十次の意思を受け継いだ大原孫三郎という、当時の倉敷紡績の社長の手によって創立された社会福祉法人石井記念愛染園の施設の一つである。事情によって住民票がなく手続きのできない家庭やオーバーステイの外国人、サラ金に追われているような家庭の子どもなどと、保育園職員が街を巡回しドヤを訪ね、関わっている。この「あおぞら保育」は現在も続けられているが、地域の子どもはあいりん学園時代以降、激減した。これには理由があった。

一九六〇年代後半から七〇年代前半にかけて、日払いアパートやバラックが次々と撤収された。家族をもった労働者にとって、釜ヶ崎の地域内に自分たちの住み処を確保するのはますます困難となった。ドヤの高層化とともに進行した内部空間の狭小化、そして日払いアパートやバラックの縮小は、家族持ち労働者の政策的な分散化とともに、釜ヶ崎を単身男性日雇労働者の空間へと塗り替える過程であった[24]。

釜ヶ崎という町は大阪の小さな地域である。しかし、ここに集められた日雇い労働者の出身地は全国すべての都道府県、朝鮮に及ぶ。貧困層は資本に引き寄せられ、大阪にやってきた。そこで資本によって搾取された。産業都市大阪の「発展」の歴史は、地方から動員された人々の搾取と廃棄の歴史でもある。

東京における不就学児対策は、一九六五年には「山谷地区の不就学児補導教育実施要領」ができており、山谷の不就学児を学校に就学させるために、地元の学校に一部、特別学級的なものを併置する案が都の教育庁から出された。しかし、区会議員やPTAから猛反対が起こり、都議会は設置反対を決議した。結局、荒川区の福祉センターの庭の片隅に十二坪のプレハブを建てて、不就学児童対策は「ひなぎく教室」として出発した。児童八人、教員三人。しかし、地元の人々は、「物置学校」「こじき学校」などと呼んだという。[25] ちょうどこの時期、政府は公的な貧困測定を打ち切り「貧困は解消」としたのであった。

3. 経済界の労働者へのまなざし

一九九〇年代後半から日本企業はカネ余りの状態にあり、[26] 利益を稼ぎ、内部に積み上げてきた。世界でもグローバル企業の手元に膨大なキャッシュが積み上がった。ＩＴ分野を中心とした技術革新をテコに企業は利益を稼ぎ続けてきた。

二〇二〇年からの新型コロナウイルスの影響で「女性や高齢者を中心に、職を失ったものの新たな職探しはせずに労働市場から退出した人が多かった[27]」。非正規の雇用者が解雇され、非正規数自体が減少する事態になっている。相対的貧困率が上昇するなか、コロナショックによって、失業や自死の増加が見られる。しかし、平成三〇年間の推移（図）であきらかなように、二〇〇〇年前後から労働者のなかの非正規率が上昇しつづけていたことを見逃してはならない。

釜ヶ崎の子どもや労働者史を参照し、さらに大企業体質について把握し、貧困層の子どもの親や勤労世代が安心した生活を送れないのは、まずもって雇用の流動化、労働者の切り捨てが引き起こした問題と整理できる。

雇用形態別雇用者数の推移（平成30年間）[28]

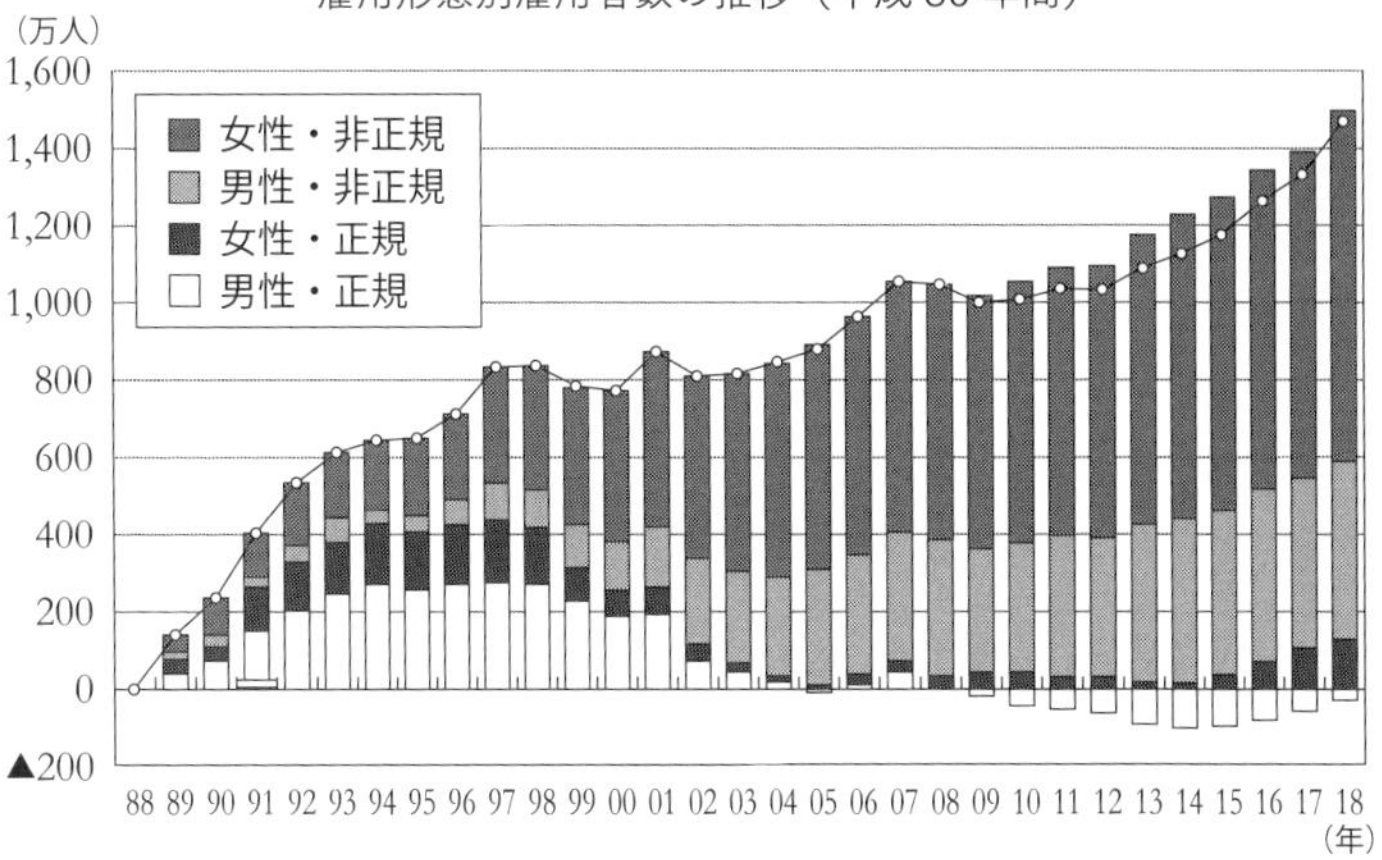

（注）01年までは「労働力調査特別調査（2月調査）」、02年以降は「労働力調査（詳細集計）」（総務省統計局）による。1988年（昭和63年）を起点とした増加数

4．格差と資本の構図に

一九九〇年代以降、国家間の経済交流が活発化し、各国間のモノ・サービス・カネの自由な取引を通じ、グローバル資本は経済の発展に傾注した。しかし、経済発展は競争力を失った産業や既存の仕組みが壊れていく過程でもあり、工業や農業などの産業が世界規模で競争、グローバル企業による搾取の強化とそれに伴う国内産業の衰退、そしてプレカリアートの世界的増大が進行した。

バウマンは、ヘンリー・A・ジローを援用しながら言う。国家は次第に容赦なく「軍事国家」へと転換しつつある。「国内の前線での抑圧と軍事化のレベルを高めながら」、次第にグローバル企業を守ろうとしつつある[29]。

「無国籍化したグローバル資本の二一世紀型資本主義の世界には、投資ファンドという疑似資本家が存在し、一段と厳しい合理化要請が現実化している。労働側においても、団結の基盤が崩れて雇用機会の奪い合いが激化することが避けられない[30]。」高度経済成長期に釜ヶ崎で可視化されていた搾取や暴力は、二一世紀型資本主義の台頭によって全国に広がっている。

資産格差と賃金格差、その集積としての政治支配という一連の構図[31]ができ、経済界にとって、労働者は人件費とリストラで調整できる存在となった。資本と労働者の古くからの問題がひときわパワーアップして、私たちの前に現れている。中心に資源が集まるゆえに、周辺は資源を失い収奪される周辺化（周縁化）は、あらゆる地域で進んでいる。

原口剛によれば、資本と国家の要請に従って生み出される強制的自由を意味する「フリーター」や派遣労働者などのプレカリアートは、伝統的に釜ヶ崎の日雇労働者が背負わされてきた宿命をそのままに受け継ぎ、背負わされている。釜ヶ崎の日雇労働者に対してドヤが担ってきたのと同じ役割を、ビデオ試写室やネットカフェといった都市の消費施設が担っている。「あらゆる場所で何百万人もの人々を周辺化させるような、グローバル都市戦略である[32]」。

釜ヶ崎の子どもの親を含む労働者たちは、資本の産業合理化政策、政府の農業破壊政策によって、過剰労働力として切り捨てられた下層労働者であった。九〇年代後半から、グローバル化に導かれ「釜ヶ崎化」した日本社会は、全国のあらゆる場所で人々を周辺化させる過程を歩んでいる。

子どもの貧困対策もまた資本の政治支配による雇用政策と連動している。「八〇年代以降、ひとり親の女性と子どもの貧困が緊急の課題として取り上げられ……社会的投資アプローチとワークフェア政策による、子どもの貧困対策が、実際には、『ワーク・ライフ・バランス』政策と連携[33]している。原伸子は、子どもの貧困対策が、労働市場の市場主義化、すなわち規制緩和とつながっていることを論証している。

底辺層の親は周辺化され、子どもとの生活で、経済的な問題だけではなく、時間の問題を抱えている。非正規の親たちは、時に日中と夜のダブルワークで、労働時間が子どもとの時間を浸食し、ケアの質の搾取が行われている。親子関係のゆとりのなさと、ケアの質の問題は、子どもの社会的排除や孤立に直結する現実である。資本と国家が作り出す構造的不平等に手を付けずに、善良な市民による学習支援や居場所作りで、どのようにして社会的排除をなくすことができるのだろうか。「子どもの貧困」というキーワードには、問題を家族支援に矮小化する危険がある。同様に、近年の「ヤングケアラー」というキーワードにもリスクがある。親を介護する子どもという家族の物語、すなわち家族の問題に矮小化されてしまうからだ。

解消への道程として、第一に社会的な再分配の制度改善が求められるが、第二に、格差と資本の構図をこそ問題とする視点に私たち市民が立ち返る必要がある。これは、より原理的な問題として、釜ヶ崎の社会史を手がかりに本章で導いてきた。

さて、「子どもの貧困」というテーマは、何を問題化しているのだろうか。いったい何を問題化しないことで成立したのだろうか。冒頭の島の視点を受けて結論としたいと思う。「子どもの貧困」は労働者・市民としての親の基底的リアリティである、雇用の劣化（長時間労働・非正規雇用など）を生み出す資本の権力構造を問題化しないことによって、浮かび上がってきた。すなわち、これら核心の問題を隠蔽しながら広がってきたテーマである。

「子どもの貧困」というキーワードを取り出し問題化することによって、処方箋はその延長線上の子育て支援や学力保障という個別救済につながれている。対象を子どもや子どもの親と位置づけることで、政策が進行している。「子どもの貧困」の問題の立てられ方に注意を払う必要がある。また、そもそも貧困をつくりだす構造はどこにあったのかに立ち返ることが殊の外重要である。

第7章　ワークフェア子ども版——学習支援

国家が管理する弱者保護措置の絶え間ない拡大は、T・H・マーシャル門下の政治学者たちを促して、社会的権利を民主的な市民権の考え方の中に包摂させ、それらの権利を民主主義のロジックの必然的な所産とみなすまでになった。

ジグムント・バウマン
『新しい貧困』二〇〇八年

「平和と民主主義、そして人権」意識と、「機会均等、能力主義・競争主義」意識の結合体を体制的イデオロギーととらえ、それを国家＝国民的一体的文化とし、その再生産の過程は何であるかを問いたいと考える。

尾崎ムゲン「戦後教育史分析の方法」
『日本教育史研究』第一五号、一九九六年

1. 貧困を社会的に問題化する

戦後日本の福祉国家制度において、真に深刻な問題が個人に残されることになった。家族は、傷ついた個人の困窮や苦悩あるいは反撃を封じ込める社会の砦とされた[1]。

自分で自分の食い扶持を稼ぐという個人経済の価値観は、努力して働くという労働倫理を一般化した。バウマンによると、労働倫理は「近代の始まりから、貧しい人々を通常の工場労働へと引き寄せ、貧困を撲滅し、社会の安寧を確保するための万能薬であると期待されていた。実際のところ、それは人々を訓練し、規律化し、彼らに新たな工場レジーム労働を行うのに必要な従順さを浸透させるのに寄与した[2]」。貧困層の割合は、産業の循環にもとづく周期的な変化を反映している。

本章では、産業の循環を目的として計画されている福祉国家を対象とし、「配分」さらに、産業を機能させる「労働倫理」について検討し、その「自立した個人」を原理とする制度設計を問う。「子どもの貧困」という分析枠組みを、貧困としてではなく、福祉国家を支える現代リベラリズムとの関係でとらえなおし、子どもの福祉・教育の現場と制度をつなぐ視点をとりあげる。

２．「福祉国家」の評価

（１）福祉国家と貧困

福祉国家は、資本主義経済と民主主義政治のせめぎ合いから生まれた二〇世紀型政治経済システムといわれる。[3]福祉国家という用語が最初に用いられたのは第二次大戦期であり、その論理は経済・財政政策と密接な関わりを持ってきた。たとえば、救貧制度から公的年金制度に至るまで、所得再分配に関するさまざまなルールを作り出してきた。

新川敏光は、「福祉国家の時代は終わり、福祉国家は変質を余儀なくされている。自由と平等を両立させようとする情熱と理念は失われ、自由競争を実現する制度枠組みに関心が集中している」[4]と述べている。彼によれば、『福祉国家を超えて』でミュルダールが語る「計画化」は地方分権や民主主義に基づく調整管理を指しているが、「このような調整管理は、近代的合理性と啓蒙主義への過度な信頼に基づいている」[5]。福祉国家や社会保障の再編、生活保障の確立という場合、ほとんどの議論は進行する社会的排除と階層化について十分な配慮を払っていないと、近代的合理性と啓蒙主義という制度が抱える原理的問題を指摘する。子どもと貧困を考えるとき、この近代的合理性としての現代リベラリズムと啓蒙主義という原理を掘り下げることは、重要である。

近代日本にも明治期以降、貧困研究の蓄積はある。しかし、高度経済成長期以降、貧困研究はメジャーではなくなり、貧困と社会の関わりが語られることは少なくなった。低消費世帯の推計によっても「一九六〇年基準の絶対的貧困は七〇年までにほぼ解消した」[6]とみなされている。

戦後の福祉国家の成立によって貧困が解消したという日本での楽観論に対して、根強く広範に貧困が存在することを示す研究や運動が、一九六〇年代に英米で登場した。これらは「貧困の再発見」（Rediscovery of Poverty）と呼ばれる。

貧困研究の源流としては、古くは一八八九年のC・ブースによる貧困調査などが知られているが、当時の文献内でのpovertyとdeprivationは「経済的な貧困」と「経済的以外の貧困」の区別が主であった。それに対して、P・タウンゼント（Peter Townsend, 1928-2009）は「剥奪（deprivation）」という言葉を用いた。

一九六〇年代に「貧困の再発見」が叫ばれたイギリスでは、七〇年代に入ると「貧困の罠」（Poverty Trap）という新しい見方が、タウンゼントを継ぐD・ピアショやF・フィールドによって提出されるようになった。それは「制度的な罠による貧困」という意味である。「貧困」を軽減・消滅すべき社会保障・社会福祉およびそれに関連した国家の政策・制度が、反対に一種の「罠」となって新しい貧困を生み出す源泉となっていくというのだ。[7]

B・アーベルスミス（B. Abel-Smith）とP・タウンゼントによる『貧困者と極貧者（The Poor and The Poorest）』が出版され、そのイギリスで、運動団体「子どもの貧困と闘うグループ（Child Poverty Action Group: CPAG）」が一九六五年に設立された。[8]「子どもの貧困」という言葉はこの運動団体によって用いられ、それまで使われていた「貧困家庭」が「子どもの貧困」に置き換えられ、人々の関心を呼ぶようになった。[9]

一九六〇年代のアメリカは、公民権運動のもと、貧困者に対してヘッドスタート「機会均等」（形式的平等）を打ち出した。九〇年代にかけて、分配は個々の状況によって行われるよう設計された。しかし、九〇年代以降、分配が伴わなくなり、サービスとしての「支援」が強調されるようになる。

(2) 福祉国家の進展――社会的包摂と統合へ

貧困研究の中心となったイギリスでは、個人の保護措置として、一九一〇～四〇年代に社会権が次々と立法化されていった。

この時期、福祉国家の原理として「公正」（社会的正義）と「効率」（経済的合理性）、この両者を調停する制度の創設が目指された。この調停を支える重要な柱が「社会保障」と「完全雇用」である。

すでに失業論の大家となっていたベヴァリッジ（Wiliam Henry Beveridge, 1879-1963）は、貧困への対処をリスク管理問題として取り組むことになった。彼は『失業・産業の問題』（一九〇九年）で、それまでは怠け者であるがゆえに失業や貧困に陥るという道徳論が支配的だったのに対し、個人的資質ではなく、産業の構造という社会的要因によって失業が発生すると看破した。[10] しかし、ベヴァリッジの社会保障体制は、稼ぎ主（男性が想定される）が家族を養い、完全雇用に近い状態を維持する方策がないとうまく機能しないという現代リベラリズムの「自立した個人」という原理が核にあった。制度のベースは「個人の自発性と社会という共同体が同時に生成され拡大する枠組を持ちつつ、再生産が可能な経済（市場）の機能を十全に発揮させる体制が好まれた。」[11] この「個人の自発性」は、福祉国家が前提とする労働倫理に裏づけられた。

福祉国家は、「労働力の再商品化」に非常に重要な役割を演じた。教育や保健サービスなどによって、各企業に雇用可能な労働力を着実に供給することを約束した。「国家が管理する弱者保護措置の絶え間ない拡大は、T・H・マーシャル門下の政治学者たちを促して、社会的権利を民主的な市民権の考え方の中に包摂させ、それらの権利を民主主義のロジックの必然的な所産とみなすまでになった」[12]。

バウマンは、福祉国家が、弱者保護措置を社会権として拡大させ、企業のために労働力を供給したことで、それが民主主義の必然とみなされるようになったと指摘し、「民主主義のロジック」としての社会的権利の成り立ちに疑問を投げかける。社会権として成立する内実そのものが剥奪されているとして、権利保障を含めたメカニズムを問題とする。むしろ、社会権として成立する内実が、資本主義的生産体制を基盤として空虚にされていると説明できよう。

一九世紀後半以降、独占資本主義の成立や階級対立の激化のなかで、労働階級は組合を形成し、権利闘争を展開する。そうしたなかでいわば「社会権」が発見され、保障が制度化されてきた。社会権とは人権のカタログ化と言われ、権利の内容を実定法において具体的に規定することである。しかし人々の要求を権利の内容として認め、人権がカタログ化されることによって、カタログ化された権利

＝人権という法的主観主義におちいるリスクがある。たとえば、教育権の用いられ方である。[13]社会的サービスを準備することが社会権となり、そのサービスを必要とする状態に追いやられている構造には目がいきにくくなる。包摂や統合ばかりが論じられ、排除の構造が捨ておかれる。

（３）ワークフェア

マーガレット・サッチャーの新自由主義路線の多くを引き継ぎながら、社会保障を補ったブレア政権の家族政策は、子どもの貧困問題解消を前面に押し出していることが一つの特徴であった。その基本戦略は、親たちを就労させ、その就労によって問題を解決しようとするものだった。ブレアは「ニューレイバー（新しい労働党）」の理念で、一九九七年の総選挙で政権交代を果たす。ニューレイバーの思想は、頑張った人が報われる社会、その機会を与える政治であった。

さて、社会的包摂はワークフェア政策のもとで、労働責任をとおして社会へ参加することを要求する。子ども分野では、①将来の労働者としての子どもへの人的投資、②排除されたコミュニティへの投資であった。②の政策は「チャイルド・トラスト・ファンド」や「シュア・スタート地域プログラム」として展開した。現実には、それらは「選択」と「競争」の導入によって、市場の「効率性」を利用するという形をとった。学校、福祉改革全般に「多様な供給」主体が導入された結果、市場化が進み、社会的排除が進展することになった。

ニューレイバーは、人的資本への社会的投資を通じた社会的包摂政策を掲げ、子どもの貧困や若年失業の改善に取り組もうとした。それらは一定の成果を上げたと評価される一方で、貧困層の家庭や若者に対する抑圧や排除を深刻化させたと批判される。「問題の所在は、第三の道のワークフェアが、社会構造の転換によってではなく、個人のハビトゥスの矯正によって社会的排除に対応するように仕向ける統治性としての性格をもっていた点にある[14]」。

原伸子によれば、「ワークフェア、つまり『福祉から就労へ（welfare to work）』という思想は、後者の社会的投資アプローチとともに、『第三の道』における社会的投資国家の論理の基軸となっていった。……社会的投資アプローチによって労働市場に『包摂』された多くの一人親の母親たちが、労働市場と労働のフレキシビリティ、すなわち非正規労働と不安定な仕事時間の中で、『タイム・バインド（時間の板挟み状態）』（ホックシールド 2012）に陥って……ケア時間の不足とケアの質の低下をもたらすことによって、新たな子どもの貧困を生みだしている[15]。」

ニューレイバーの思想は、「契約によって貧困から脱する（contract out of poverty）」ものであり、社会的投資アプローチに基づき、子どもへの人的投資が主要な対策とされワークフェア政策のもとで、子どもたちの母親、とくに一人親家庭の女性に労働「機会」の提供と労働市場への参加を「義務」づけ、労働市場に「包摂」することによって、彼らの一定の所得増大に成功した。同時に、格差の拡大を呼び寄せた。

3. 日本の状況

前節のバウマンの社会権への疑問は、日本でも重要である。尾崎ムゲンは、戦後教育史の分析から重要な指摘をしている。

「平和と民主主義、そして人権」意識と、「機会均等、能力主義・競争主義」意識の結合体を体制的イデオロギーととらえ、それを国家＝国民的一体的文化とし、その再生産の過程は何であるのかを問いたいと考える[16]。

同じことは、福祉政治史では次のように説明される。「日本において社会保障が最初に導入されたのは、一九三〇年代後半からの総動員体制のもとにおいてであった。その基礎づけを提供したのは、『人的資源』論および『生産力』論であった。……大河内一男は、社会政策を労働問題の解決ではなく、国民経済発展に不可欠な労働力の保全手段としてとらえ、工場法、労働災害補償法、社会保険などの政策を正当化した[17]。」「基本的な立場は、各国が戦後のブレトンウッズ体制とフォーディズムという共通の枠組みのもとで福祉国家化を遂げた、というものである。……戦後日本でも、一定の労使和解体制が成立し、大量生産‐大量消費の循環が生まれた[18]。」

日本では、戦後の高度経済成長を経て、オイルショック、そして民営化や規制緩和を基軸とした新自由主義的経済政策が登場し、資本主義は大きな変容を経験することになった。「小さな政府」を志向する新自由主義の台頭によって、国家の責任よりも個人の自助努力、相互扶助が強調されるようになった。

「戦後政治の総決算」を掲げて行政改革を進めた中曽根康弘元首相は証言する。「生活保護という最低限のものは堅持するけれども、基本は国民の相互扶助であり、自助・自立でやってもらおうというのが当時の考えだった。第二臨調（第二次臨時行政調査会）も『小さな政府』が基本方向で、その思想が歴代内閣、現代まで生きている[19]」。

新自由主義による規制緩和は、低所得層を増やすことになった。行政の福祉部門は間口が狭くなり、働く貧困層と生活保護世帯のねじれが広がった。

二〇〇〇年以降、国民に「痛み」の理解を求める小泉内閣で上記の状況は加速し、二〇一三年八月に政府は生活保護基準を引き下げた。各種の就労支援プログラムによって生活保護受給者の労働市場への参入を促す政策がとられる一方で、ワーキング・プアが増加するようになった。需給の制限と労働市場への包摂が生じ、市場への指向が強化されている。

大人の貧困にともない、ともに暮らす子どもに焦点があたり「子どもの貧困」ブームも生まれていった。福祉国家は二〇世紀の世界、そして日本を効率的に引っ張り、富の拡大を牽引した。その効率性ゆえに、人々の排除と分断は進んだ。

「子どもの貧困」への注目によって、より生活に困窮している世帯にひとり親世帯が多いと知られるようになった。厚生労働省の国民生活基礎調査からもわかるように、ひとり親世帯、なかでも母子世帯の厳しさは著しい。先進諸国のなかでもひとり親家庭の「自立支援」が強調され、就労に結びつける施策は日本が突出している。

子どもの貧困のメカニズムは子どもの不利益を通して、生活がいたんでゆく。貧困の固定化によって社会が分断され、社会そのものもいたんでゆく。子どもの貧困は家族形成を困難にし、社会の持続性も損なう。子どもの育つ家庭が貧しいと結果、社会も壊れてゆく。

ひとり親家庭の親たちは、子どもの貧困対策のもとでも、労働市場に「包摂」されることになった。就労支援は個人の生活態度と労働倫理に重心を置くものであった。親たちは、非正規労働と低賃金によって労働市場のマージナルな位置に身をおくことになった。教育状況や労働市場の地位に結びついた社会的排除ももたらされている。これは、子育て中の貧困層だけではなく、すべての家族を覆う構造にもなった。

4．利用される学習支援

(1) 福祉国家の原理「自立した個人」

第三の道の格差是正の基本であったはずの個への対応は、人的投資を計画することによって、逆に格差を広げることになった。新自由主義の台頭によって、労働倫理に裏づけられた福祉国家の原理である「自立した個人」は制度・政策を通し全面展開し、強化されたのであった。

岩田正美は、「福祉国家が『不利な人々』を貧困にしばりつけている。特定の人々がいつも『不利』になるということは、現代日本社会がそれらの人々の『状況』を不利にさせているということだ[20]」と福祉国家体制を問うている。

「近代の『自由な自立した個人』というフィクションは、対極に国家を作り出して、その自由を承認させてはじめて現実化する。……このプロセスを国家の側から見れば、納税と選挙を通じた国民の掌握と管理であるが、その前提として、個人を国民としてたえず把握登録させ、また権利義務を行使する『国民にふさわしい資質』を付与していく必要を生じさせる。国勢調査、戸籍制度、住民登録等といったさまざまな手段が生まれ、また義務教育制度や徴兵制度などの装置が形成されていく[21]」。国家による家族の掌握それ自体が、近代に合理的なものとして変容させられていったのだ。

フーコー研究では、「近代的な社会保障体制の成立とはまさにこの統治思想の変容にほかならない[22]」とされる。「自由主義とともに、統治は、支配＝被支配という関係のなかにではなく、個体のなかに折り返され、内部化された統治と呼ばれる力の構成の問題へと移動する。一九世紀における貧困問題の深刻化とともに、開明的な経営者や慈善活動家など、当時の自由主義を信奉した者たちが求めた解決策が、慈善やパトロナージュといった、個体化された（そして指導する－されるという非対称的な）関係を基盤とした、道徳＝精神に働きかける技法、すなわち（未成年状態にあるとされた人びとにたいする）教育であった[23]」。

賃金労働が支配的な労働編成の形態となり、労働編成と社会のあり方が変わることによって、統治体制としての近代的な社会保障体制が成立した。その統治技法は、個体のなかに折り返され、貧困問題の深刻化とともに個体化されていった。それが教育であった。

(2) 子どもの貧困対策

二〇一二年に「生活困窮者が増加する中で、生活困窮者について早期に支援を行い、自立の促進を図るため」という理由のもと、生活困窮者自立支援法が施行された。第六条では「都道府県等は、生活困窮者自立相談支援事業及び生活困窮者住居確保給付金の支給のほか、次に掲げる事業を行うことができる」とし、子どもに関しては「生活困窮者である子どもに対し学習の援助を行う事業」が記され、各都道府県での貧困の解決が求められた。就労促進のための支援事業として「貧困の連鎖の防止のための学習支援[24]」の展開が提案された。

研究においても「学習支援」は貧困対策の主役だ。平成二五年度厚生労働省社会福祉推進事業「子ども・若者の貧困防止に関する事業の実施・運営に関する調査・研究事業」報告書（研究代表　加瀬進：東京学芸大学教育学部特別支援科学講座）では、全国のモデル事業実施自治体における学習支援事業調査が行われた。報告書では、「子どもの育ちを支援する施策体系の一環としての生活困窮者自立支援制度」を高く評価し、「生活困窮家庭の子どもへの学習支援事業のあり方」として「小学生段階からの早期介入と成長に合わせた継続的な支援」を提言した。これまで、学習支援事業の対象となる子どもの年齢は、セーフティネット支援対策等事業費補助金創設当初の中学三年生の高校進学に向けた学習支援のイメージが根強く、事業の対象となる子どもの学年を見ても、「中学三年」九四・九％、「中学二年」七九・五％、「中学一年」七六・九％であり、小学生、高校生は四〇％未満ということから「小学生のできるだけ早い段階からかかわりを持つことが望ましい」とされた。

二〇一四年には「子どもの貧困対策の推進に関する法律」が施行され、育成される環境とともに教育の支援がその中心に位置づけられた。

（目的）第一条　この法律は、子どもの将来がその生まれ育った環境によって左右されることのないよう、貧困の状況にある子どもが健やかに育成される環境を整備するとともに、教育の機会均等を図るため、子どもの貧困対策に関し、基本理念を定め、国等の責務を明らかにし、及び子どもの貧困対策の基本となる事項を定めることにより、子どもの貧困対策を総合的に推進することを目的とする。

この学習支援事業は、文部科学省や教育委員会の学力向上プラン、特別支援体制とつながり、各自治体で驚くほど早いスピードで展開している。あちこちの自治体で、子どものスクリーニングが進んでいる。たとえば、気になる子どもには担任が個別に発達テストを受けさせ、小学校二年生から通常学級の外へ移してゆく。

社会的に困窮している子どもに対して学習支援に焦点化する個別救済の施策は、現在の生活の経済的不安定さというより根本的な問題から目をそらしている。自立支援政策としてのワークフェア子ども版である学習支援に焦点化され、個々人の能力を重視する政策に回収されている。

世界的には、ユニセフも国連の「持続可能な開発目標」（ＳＤＧｓ）のなかで、子どもの貧困解消に関して「教育へのアクセス」をまず重視する。[25] 子どもの貧困対策は「教育化」している。

堅田香緒里は、次のように指摘する。「今日の『子どもの貧困対策』は総じて、貧困ではなく貧困の世代的再生産を問題とみなし、『教育』を通してこれを解消するために『教育の支援』に重きを置いている……『教育』や『学習』の支援を拡張すればするほど、そうした『支援』を受けてもなお『自立』できない者の自己責任がますます強調され得る[26]」。

教育は資本による人々の搾取に加担し、福祉は資本による人々の廃棄の後始末を行うことになっている。福祉国家という枠組みを得て、経済学を中心とする政治的リベラリズムの理論化のなかで、貧困はどんどん個人の問題へと切り詰められ、就労支援・学習支援という子どもと貧困をつなぐ施策として利用される現在に至った。

５.「自立した個人」が招く教育化

私たちがこのまま「福祉国家」なるものを維持しようとするのならば、原理の再構築が求められる。「自立した個人」が前提となっている労働倫理、それ自体の見直しである。労働倫理は人々を訓練、規律化し、従順さを浸透させて、いわば企業のための労働力として機能してきた。それはワークフェアとしての就労支援という、構造的にさらに格差を広げる政策なのである。

人は、いかに格差を広げる経済中心の構造に囚われた状態から、身を引き離していけるのか。個別救済を提案しがちな教育・福祉研究は、たとえば、ワークフェア子ども版の学習支援だけに取り組む危うさに対する自覚が重要と思われる。貧困層の子どもは学力が保障される以前に、まず人間としてあるその存在が保障されなくてはいけない。子ども論においては、生産や効率中心の近代主義の立場からの学力保障や「子どもに寄り添う」という方法のみで、結果的に現状肯定になる子ども理解が導かれるのではなく、相互に近代主義からの解放と自在さを追求し、生活しうる関係性の広がりと空間の創造が求められる。

福祉国家の巨大機能が管理と統制を生み、経済の論理へとますます傾斜していった歴史を学び、その社会的機能を重く受け止めた上で、延長線上に、子どもを含む生活者・労働者の共同的な空間を広げるということを考えたい。ワークフェアに代表される資本主義的な能力管理からの自由が求められ、それは国家的統制から距離を置いた、形成された人々の合意からの自由をも希求することともなる。

産業の循環を目的として計画された福祉国家の原理は、「自立した個人」であったことを見てきた。一九七〇年代以降は、所得分配を伴わない「支援」が常套化してきた。第三の道などの政策理念として、人的投資は教育による制度設計を中心にしたからであった。日本では「子どもの貧困」問題に対応して、承認のツールとしての居場所と配分の正当化としての学習支援が置かれた。それは「自立した個人」というリベラリズムが原理の福祉国家では、資本に財が集まるにつれ、市民社会は教育化に向かう必然があったということである。

第8章　承認論による「支援」の正当化
――「能力の共同性」を再定義する

正義の手から守られているのは、より強力な略奪者国家であり、外国の投資家や有志者、国際的なマネー投機家、多国籍企業を含む、国境横断的な民間の権力である。

ナンシー・フレイザー
『正義の秤』二〇一三年

「各人にはその能力に応じて」という原則は、これが狭い意味での享受に関係しているかぎり、「各人にはその必要に応じて」という原則に変更されなければならないということ、別のことばでいえば、活動における、労働における相違は、いかなる不平等の根拠にもならず、所有と享受のいかなる特権の根拠にもならないということである。

カール・マルクス『ドイツ・イデオロギー』
『マルクス・エンゲルス全集３』一九六三年

1. 承認のジレンマ

能力主義が基底にある社会では、「機会の平等」は機会を与えられて競争する装置となり、教育機会は競争を保障するしくみとなることがわかってきた。教育機会も「分配の正当化」として機能していることになる。その上で、競争で排除されたり、競争自体からドロップアウトした子どもには、「あなたはあなたでいい」と承認する「支援」が一般化するようになった。

承認論が実践の上で大きく広がっている。子どもへの支援はまず承認だとして、「その子を認める」あるいは「寄り添う」方法を中心に展開するようになった。子ども食堂や居場所など、さまざまな支援の場で、子どもにも場にも必要な富の再分配は行われないままに、子どもをあるがままに承認する取り組みが広がっている。

本章では、経済的格差を下支えする文化的格差、不公正の理論、すなわち市民社会が無意識のうちに備える能力観について扱う。社会的不公正の問題について、筆者は社会的価値評価が分配に接続していることを問題とし、業績承認に対して「存在承認」という言葉をつくり、ささやかな理論を組み立ててきた。[1]ここでは承認論をめぐり大きく異なるナンシー・フレイザーとアクセル・ホネットの論点を比較しつつ、承認論のもつ問題について検討する。

フレイザーは『中断された正義』で、研究のためには分析的な区別が不可欠であり、複雑に絡みあう現実を抽象化することによってのみ、私たちはこの世界を照らし出す概念構造を考えることができるとする。フレイザーは、再配分と承認を分析的に区別し、それぞれの論理を説明することによって私たちの時代の主要な政治的ジレンマを明確にしながら解決の糸口を模索しようとした。[2]

その分析枠組みを手がかりとして、能力主義やコミュニケーション能力にリードされる現在の教育現場の問題を考える理論として、承認論のなかでも自分の今の不遇から抜け出す可能性は誰にでもあると仕掛けられる業績主義について考える。

まず、現在の格差議論で欠落している再配分と承認の位置づけから課題整理する。2節では、ホネットの承認論についての議論を示し、3節ではフレイザーの政治分析から承認論に分け入り、承認のジレンマに対する戦略として、支配的な配分秩序の脱正当化についての理論を整理したい。

フレイザーとホネットは、資本主義社会を一つの「全体」として把握可能にする「大きな理論」を志向する。この「大きな理論」を構成する二つの根本的なカテゴリーが「承認」と「再配分」である。

資本主義社会とそこで起きるさまざまな闘争を有効に分析して、適切に批判するには、両カテゴリーの関係をどのように理解し解釈すべきかが根本的な理論的課題とされている。[3]

政治哲学では、富の再分配が正義論の第一の課題として論じられてきたが、マイノリティの傷ついた自尊心の回復をめざす承認の要求もまた、喫緊の課題として浮かび上がるようになった。[4]

冷戦期の主要な政治的潮流は、社会正義を財の公正な分配と同一視し、一般に経済的な性格の分配的構想のもとに集中していた。[5] しかし、「正義」の概念は今日少なくとも二種類の政治的要件にあり、一つはフォード主義時代に「配分をめぐる闘争」として把握された要件、もう一つは目下のところ「承認をめぐる闘争」と見なされている要件であるという前提に沿って話を進めよう。[6]

2. アクセル・ホネットの承認論

「承認」をキーワードに研究してきたホネットは、初期ヘーゲルの承認論を発展的に引き継いでいる。ホネットによると、承認論を前提とすることで、配分と承認の関係は文化的な制度化のプロセスによって変更が可能と見なせる。[7]

ホネットは一九九二年に『承認をめぐる闘争』を出版し、承認論の重要性を主張した。人間は、気づかいや法的な承認の経験に加え、自分の性質や能力への価値評価をつねに必要としている。[8] 人が規範を引き受け、社会的に受け入れられた共同社会の成員としての同一性を獲得するならば、こうした関係に「承認」の概念を用いることには意味がある。[9]「このようにして自分自身に肯定的に関係する可能性を、われわれは『自己尊重』と名づけるのである。[10]」

ホネットによれば、社会的な規範を身につけ、社会の成員となり、「討議により意思決定に参加する」能力があるとみなされることで、人は自己を尊重できる。

普遍的な価値は、さまざまな自己実現に開かれているが、支配的な承認秩序は、この普遍的な価値がどのように規定されているのかにかかっている。[11]「自分たちの業績や生活形態がだれの目からみてもとくに価値があると解釈することにどの社会集団が成功するのかにかかっているのだから、この二次的な解釈の実践は、まさに文化的に持続されていくコンフリクトにほかならない[12]」。ホネットによると、誰の目から見ても価値があるという普遍的な価値の争奪で、承認秩序が規定されるという。

そうして成立した価値のもと、どんな個人的な業績を社会的にもたらすかによって、名声は評価される。「基本的にすべての個人が社会的な名声を獲得する機会をもつという社会的な価値秩序を目標に[13]」と、個人は業績による承認を目標にする。「業績や能力の点で自分が社会にとって価値があるという経験をする機会をもつ[14]」。自分の業績や能力を承認するという経験が必要なのだとする。

ホネットが『承認をめぐる闘争』では多く扱わなかった「業績承認」は、二〇〇三年の『再配分か承認か?』では中心課題になり、承認論における「能力」が重要な位置を占めるようになっている。『再配分か承認か?』では「承認としての再配分」という章を設け、フレイザーへの反論という形を取りながら業績承認について議論を展開する。

資本主義において下層に位置した民衆が被った抑圧と不正の経験において、一九七〇年代に明らかになった核心は「承認」であった。自分たちの生活形式や業績に対して、社会の他の成員たちからは承認を得られないことが、動機面からいえば物質的な窮乏よりもはるかに重大だったと主張する。

ホネットは、個人主義的な業績原理は、財の不平等な配分を道徳的に正当化するために資本主義的な社会形式においては唯一の規範的な資源だという。だからこそ、業績原理、すなわち承認概念の再構築が唯一の変革的戦略だと彼は主張する。

3．政治経済構造という基底――ナンシー・フレイザーの反論

一方、フレイザーは、文化的承認と社会的平等を「競合」させるような考え方なら数多くあるが、両者が相互に傷つけあうのではなく、支えあうようにする形で概念化する方法を探ること、ならびに、経済的不利益を被ることと文化的に尊重されないことがいかに密接に相互連動しているかについて理論化することが必要だという。[15]

ホネットを含むほとんどの理論家は、経済および法を中心とした観点から承認を配分に還元する見解を前提とする。[16] リベラルな福祉国家と結びつく治癒策は、基底をなす政治経済構造は温存したまま、最終的帰結としての不均衡配分を是正することを目指す。つまり、それ以外の部分で生産システムを

再構造化することなく、経済的不利益を被っている人々の消費配分を増やすことを目指すのだ。

これに対して変革的戦略は、政治経済的な構造を変革することによって不均衡配分を矯正しようとする。ここには、従属的な社会的地位に置かれていることを問題と捉え、悪を個人や個人間の心理学にではなく、社会関係のなかに位置づけるという点もある[17]。これらは、生産関係を再構造化することによって、消費配分のみならず、労働の社会的分業、ひいては万人の生存条件をも変革しようとするものである[18]。

不正義の条件のもとでは、社会「科学」の主流とみなされるものは特権的な人々の視座を反映し、その盲点を隠蔽したものかもしれない。そうした条件のもとで科学主義的推定を採用することは、不利な立場の人々の主張を閉め出すことになりかねないため、「正義の専門家集団」によって解決されるという提言を拒絶しなければならない[19]。

フレイザーは、人間の自発性と多元性がさらされている「自由を脅かす全体化のプロジェクト」について指摘する。

正義の手から守られているのは、より強力な略奪者国家であり、外国の投資家や有志者、国際的なマネー投機家、多国籍企業を含む、国境横断的な民間の権力である。……だれが仕事にありつけ、だれがありつけないのかを決定するのは、金融市場であり、『オフショア工場』であり、投資レジームであり、グローバル経済の統治構造である。また、だれがコミュニケーション的権力の回路に包摂され、だれがそこから排除されるのかを決定するのは、グローバル・メディアやサイバーテクノロジーの情報ネットワークである。[20]

グローバルな構造が、貧困を引き起こし再生産するだけでなく、第三世界の社会の内的な政治的構成を歪めることにも実質的な役割を果たしている。[21]

統治構造は国家に限定されず、重要な社会的相互作用を組織するルールをグローバルに作り出している。たとえば、世界貿易機関や国際通貨基金といった、グローバル経済の基本ルールを定める機関である。ほかにも、環境規制、治安、安全保障、健康、知的財産権、民事および刑事の法執行などを統治する国境横断的な機関である。

これらの機関が巨大な国境横断的な住民の相互行為を規制しているかぎり、ルールの作成者は人々を従わせている。超国家的な形式の統治性の強制権力に従うという条件までも含んでいる。[22] フレイザーはフーコーの分析枠を用いて説明する。社会福祉は規律訓練の装置となり、人間主義的な改革は一望監視的な体制となり、公衆衛生の施策は生権力の配置となり、治療学的な実践は従属化の媒体となっている。[23]

これらの包括的なねらいは、個人を「主体化」し、個人に自己責任をもたせる手段として彼らの内面のプロセスの言語化を奨励し、それによって自己監視の能力を増大させることであった。[24] グローバリゼーションでは、ネオリベラリズムの装いのもと、それは経済合理性の範囲を拡大し、社会福祉に競争を導入し、被保護者を消費者に変え、専門職業人を市場の規律訓練に従わせている。フレイザーはこれを新しいフォーディズムの主体化、積極的に責任を引き受ける行為主体と位置づける。

この新しい「自己への配慮」では、誰もが自分自身に関しては専門家であり、自らの人的資本を最大限活用する責任を負っている。こうして、ある人には責任ある自己規制を、ほかの人には容赦ない抑圧をという新しい種類の分割された統治性が生まれた[25]。自己規制と他者への抑圧が連動した統治性をつくっている。

『グローバリズムという妄想』を書いたジョン・グレイも、『〈帝国〉』を書いたマイケル・ハートとアントニオ・ネグリも、支配は強力な識別しうる中心によって直接的に制度化されているのではなく脱中心化した装置によって、すなわち市場か、連結する複数の統治装置によって間接的に制度化されているという[26]。

人間の多元性を全体化し破壊する、全体主義の「結晶[27]」を含む新しいシステムは、国境横断的な企業資本を民主的な政治的コントロールから防御する。それは新しいグローバルな経済秩序の統治制度を内包している。

フレイザーによれば、グローバル資本を国際的な専門家集団がデータ分析を中心に仲介し、企業資本が望む「能力」がパッケージ化されることで、それが世界の子どもを「承認」するツールとなり多元性が失われる方向に急激に導かれるという（この実際に関しては、次章でＯＥＣＤの教育戦略を取り上げる）。

4. 承認論の問題

ホネットによれば、「社会的な価値評価の関係は、貨幣収入の配分モデルと間接的に結びついているのだから、本質的に経済的な対決もまた承認をめぐる闘争の形式に属している」[28]。経済的な分配は承認によるのだ。

さまざまな自己実現の形態に認められる価値や、それに応じた性質や能力の定義の仕方もまた、社会の目標設定をめぐる支配的な解釈によってそのつど評価される。この解釈も、自分たちの業績や生活形態が誰の目から見てもとくに価値があると解釈することに、その社会集団が成功するかどうかにかかっている[29]。

すなわち、承認論には次のような限界がある。第一に、マイノリティの文化的措置を「尊重する」という、現状肯定の上での承認に終始する点である。第二に、現状肯定の上での承認と物質的窮乏という二元論で議論を進める点、第三に、個人化について焦点化できていない点である。

ホネットの承認論はコンフリクトをもたないし、理論的土台であるヘーゲル承認論にも修正が加えられなくてはならないという指摘もある[30]。つまり、承認論は公での承認を勝ち取るという「形式」となっていて、自由の基礎づけは前提としないのである。

ジョック・ヤングもフレイザー・ホネット論争に関心を示し、所得と承認が絡みあうことは、フレイザー以前にマックス・ウェーバーが指摘していたと述べた。ヤングは、左翼が描く歴史が経済的利益の単なる反映でしかなく、その歴史には地域性を基盤にして抵抗するという諸契機がないと批判し、承認のための闘争はすべての社会紛争の重要な構成要素である点に注目する[31]。また、ヤングはフレイザーと同様に、社会的不公正をめぐって、問題は社会の不適切な運営にあるとして、構造の議論が表層的再配分の問題にとどまる点を指摘する[32]。したがって、保守・リベラル派を問わずある二項対立的問題把握は、各々の質的な違いはあれども、結局のところ支配的な価値観を「確認」しているだけにすぎず、他者化と排除の悪循環を下支えしているにすぎないというのがヤングの批判の眼目である。彼によれば、従来型の福祉国家の「再建」を企てる対抗は、リベラル型二項対立論となるため断念すべきなのだ[33]。

ここまで見てきたように、承認論は、再配分を左右する制度的平等の承認原理が、実は業績承認＝能力主義と重なっていることを認識する必要がある。現在の価値観のままに「承認」を支援の方法にすることによって、現状を支えてしまう構造的問題は大きい。

5.「能力の共同性」をとらえ返す

(1) 平等は能力を否定した上で成立する

能力を用い、労働すれば報酬が得られる。生存のためには自立できる能力が必要条件という資本制社会は、能力と所有の論理に支配されている。学校と社会、教育と労働過程は、資本制社会の原理によって固く結合している。この結合を新しい人間的な原理によって再結合させる必要があるだろう。

説明しておきたいのは、資本制社会の原理であった「能力に応じて」、このフレーズの後半が現在では無かったことにされているということだ。[34]フレーズ全体はこうだ。「各人はその能力に応じて、各人にはその必要に応じて」。

カール・マルクスは次のように述べている。

知的能力の差異はなんら胃および肉体的諸要求の差異を条件づけるものではないということ、したがって、われわれの現存の諸関係が基礎になっているまちがった原則、「各人にはその能力に応じて」という原則は、これが狭い意味での享受に関係しているかぎり、「各人にはその必要に応じて」という原則に変更されなければならないということ、別のことばでいえば、活動における、労働における相違は、いかなる不平等の根拠にもならず、所有と享受のいかなる特権の根拠にもならないということである。[35]

マルクスは能力主義批判をした上で、必要に応じた享受の実現を主張している。「すべての労働の平等性および平等な妥当性は、人間の平等性の概念がすでに民衆の先入見としての強固さをもつようになったときに、はじめてその謎を解かれる」[36]。この箇所を引用しつつ、竹内章郎は、「『人間の平等性』は、能力など個人の属性すべてを否定したものでしかない。……能力を『否定』するからこそ、『人間の平等性』が成立する」としている。能力を含めた承認を求めることはそれ自体、能力主義や現代の価値観を下支えすることになり、平等性の成立を結局妨げることになっているのである。

本章で考えようとしたことは、「存在承認」とも言えるものだ。それは承認論ではない。たとえば、エマニュエル・レヴィナスの言葉「存在に住まいが先立つ」を引用しながら、居住という問題を資本主義的所有の観念にとらわれることなく、とらえかえすべきだという提案がある。[37] また、「存在することと」が国民の権利に先立つ基礎であるという指摘も重要だ。[38]「存在すること」は誰からも疎外されない自由という基礎に裏づけられる必要があるのだ。存在承認とは、自分自身を自分で承認しうる「社会的状態」の構想である。つまり、非資本主義的に、政治経済構造という基底で、自分で自分を認める、そうなれる状態をどう構想していけるかという点があらためて浮かび上がってくる。

(2) 個に還元しない能力論

個人化に対して、マルクスらの論理「能力に応じて、必要に応じて」を背景にした「能力の共同性」論がある。この概念をはやくも定義した竹内章郎によれば、能力は「個人の自然性と環境（社会・文化）との相互関係自体[39]」とされる。

皮膚一枚で外界・他者との切断が最も明らかな身体能力ですら、他者との相互関係自体（能力の共同性）だからである。たとえば赤ん坊を例に見ると、抱いている母親などが何らかの理由で身体を強張らせたがゆえに、赤ん坊も同じく――他者の動きに応じて動くので同型性とされる――身体を強張らせる、そういう身体能力が生じるのである。……通常は個人内部の「自然性」ないし私的所有物だとされる身体能力も、じつは他者との相互関係自体（能力の共同性）によるものなのである。[40]

能力の共同性は、知性や精神的な能力についても該当する。知性などの多様な個性やさまざまな特性も、他者や環境とのかかわりという相互関係や行動性が多種多様であるがゆえに可能になることだからである。

瞬間の能力の発揮自体においても共同性が露になり、能力の共同性は確認される。もちろん能力の共同性は、先に確認したように一定の自然性の力があってのことだが、それ以外の能力は、初発からして他者や社会・文化に培われたものであり、それらとの関係としてのみありうるものである。[41]

能力は他者との相互関係自体であり、個人内部の身体能力も、能力の共同性によるものであり、能力は最初から他者や社会・文化に培われたものであると説明する。能力の共同性論は、互いに助け合うという個人化された共同性という意味合いではなく、個のなかに共同的に培われているものが能力であるという論理であり、私のなかにみんながいるというのは現実を表している。とはいえ、一方でこれは、個のなかにある共同性を強調するゆえ、個人化の論理、リベラリズムに取り込まれるリスクもある。

「共同」には「力を合わせる」という要素は必ずしもありません。「共同浴場」「共同受信アンテナ」は、べつに力を合わせて風呂に入ったり、電波を受信したりするわけではありません。施設をいっしょに使っているだけのことです。そこで……「共同」の語釈を以下のようにしました。

〈ふたり以上の人がいっしょに・する（使う）こと。「─研究・─浴場」〉

「共同研究」は、力を合わせなければ完成しませんが、それは結果としてそうなるものです。ことばの意味そのものは、「力を合わせてする研究」ではなく、「ふたり以上の人がいっしょにする研究」ということです。（「三省堂 辞書ウェブ編集部によることばの壺」https://dictionary.sanseido-publ.co.jp/column/sankok24）

「共同」とはいっしょにすることで、そうなるものという。個が「力を合わせる」という要素は必ずしもなく、むしろ「いっしょにある」ことを最もよく表す言葉である。

そこで、個のなかにある共同性だけでなく、筆者がすでに用いてきた「能力の共同性」の定義を提案しておきたい[42]。すなわち、能力とは、分かちもたれて現れたものであり、それゆえその力は関係的であり共同のものである。能力は個に還元できない。

教育機会の平等も「配分の正当化」として機能しており、競争で排除されたり、ドロップアウトした子どもには承認による「支援」が一般化した。ここでは、ホネットの承認論に対するフレイザーによる批判的考察から、承認原理が能力主義と重なっている点を見た。現在の価値観をなぞる形で「承認」を支援方法にすることによって、構造的格差の基盤を支えることになる。平等性とは能力を否定するからこそ成立する。能力主義は、人間の平等性を妨げるのである。

第4部　資本と教育

第9章　能力主義を支える特別支援教育
――モンスターは誰か

個人とは権力の産物だ。必要なのは、増殖と位置移動によって、種々のアレンジメントを「脱＝個人化」することだ。集団は、階層化された諸個人を統一する有機的な絆であってはならない。「脱＝個人化」の絶えざる生産機械であるべきだ。

ミシェル・フーコー
「ドゥルーズ＝ガタリ『アンチ・オイディプス』への序文」
『ミシェル・フーコー思考集成Ⅵ』二〇〇〇年

1.「個に応じて」最適化する

頑張れない者は人としてダメだ。それぞれの場でできるだけ力を発揮することが大事だね。人は外見もイケてるほうがいいし、明るさも必要。話もうまい方がいい。そういう人が社会のなかで成功し、セレブな生活ができる。そんな勝ち組まで行かなくともそれなりの暮らしを手に入れるため、子どもの学力は人並み以上がいいし、色んな潜在的な能力も高めておく方がいい。格差はよくないとは思うけれど、しょうがない。障害がある子どもは普通学級に入るといじめもあるかもしれないから、特別支援学級に入った方が力がつく。

すでに拡大していた分離教育が法的に裏づけられた二〇〇七年から特別支援教育がスタートした。障害児を「別学」として扱う風潮は、能力主義観を後ろ盾に広がった。保護者が学級内での子どもの排除を恐れ、特別支援学級への入級を選択することも多い。障害のある子どもを小学校から高校まで一貫して支援し、進学や就労につなげるため、文部科学省は進学先にも引き継げる「個別の教育支援計画」（個別カルテ）を作るよう、二〇一八年の「学校教育法施行規則の一部を改正する省令の施行について」で義務づけた。通常学級に通う比較的軽い障害や発達障害の子どもも対象である。すでに多くの特別支援教育現場では、個別の能力を管理するため、個別カルテを用い効率的な「療育」を進めつつある。全国的に児童・生徒が減少し一般学級が減るなか、特別支援学級数のみ、自治体で増加している。単純な分離（特殊）教育の時代ではなく「個に応じて」多様に分けていく特別支援教育の時代となっている。

教育分野の共生教育を進める運動では、インクルーシブ教育を進めてきた。すべての子どもが同じ教室で分けられないで過ごす共に生きる教育である。しかし、序章で紹介したように、筆者の関わる障害をもつ子どもを中心とした親の会での話によると、障害をもつ子ども自身が、ゆとりのなくなりつつある学級を嫌がりはじめている。形だけ共に過ごしても、学校が包み込まれている学力至上主義による規律と緊張、それによる多忙を子どもが拒否しているのだ。これは障害のある子どもだけの問題ではない。

能力主義（うまくできる人が優れている）を下支えしながら進化する特別支援教育、社会適応を強いる教育の強化のなかでいったい何が問われているのだろうか。一九八〇年代から「発達」という概念それ自体を問うのではなく、「子どもの発達」を考える方向へと、教育学研究は矮小化していった。時代や状況へ関わろうとする姿勢は失われていった。

問題は「発達障害」でなく、近代のリベラリズムにおける「発達主義」そのものなのだ。

障害児統合プログラム（Adaptive Learning）

日本では、障害をめぐって社会モデルではないアメリカの診断マニュアルを使っている。たとえばLDをめぐってその理由を調べた研究によると、次のようである。

LD（学習障害）の文部省定義（一九九九年）の作成過程において「文部省の議論では生物学的要因論を明記するアメリカ案と障害の社会モデルに基づいたイギリス案が検討されたが、①LDが通常の教育では指導できない存在であることを強調でき、②新たに増加する障害児の数が比較的少なく現場の混乱が少ないという利点から、アメリカ案が選択されたことがわかった。[1]」

Adaptive Learningは現在、教育政策でキーワードになっている「個別最適化」学習の一つのルーツだと思われるが、マイノリティを「統合」するためにアメリカで開発されたプログラムである。たとえば〝Adaptive Learning in ELT〟という母語が英語でない人への教授法では、英語による「統合」の方法がベースになっている。[2]アメリカでは全障害児教育法（Education for All Handicapped Children Act）が一九七八年に施行され、施行後一〇年が経過した頃、人種的マイノリティの問題とも関連して、学習障害児を中心とした軽度障害児への教育的対応が問題とされるようになった。星らは言う。[3]

特殊教育の問題は、ＲＥＩ（Regular Education Initiative：通常教育主導主義）の主張へとつながるものである。ＲＥＩ提唱者は、財政、障害認定、ラベリングなどの観点から従来のカテゴリー別教育を批判し、その改善策としてカテゴリーなしで通常教育面にフルタイムのメインストリーミングをすることを主張した。この主張に対する批判も起こり、特殊教育界において大きな論争となっていった。いわゆるＲＥＩ論争であった。そしてここ数年の間に、アメリカにおいても先に述べたインクルージョンという用語が広がりを見せている。このインクルージョンは、新たな論争となっており、ＲＥＩ論争をそのまま引き継いだ形で進行している。このように、アメリカの特殊教育に大きな影響を与えたと考えられるＲＥＩであるが、その中心的存在であるWangらは、フルタイム・メインストリーミングを効果的に行うための適合的教育を提案し、その具体化として適合的学習環境モデル（Adaptive Learning Environment Model：ALEM）を開発した。Pijl（1994）は「障害をもった生徒を通常学級に統合するための一番知られていて最も分かりやすい進行中のプログラムは、ＡＬＥＭである」と述べている。

インクルージョンの名のもとに、障害をもった生徒を通常学級に統合するプログラムとしてAdaptive learningが開発されたのであった。集団に個を最適化しつつ統合・統治するプログラムとされていることがわかる。

2．障害児への薬物処方

日本の障害児への薬物処方の過多は、国内外から指摘されている。

「発達障害」の誕生のもとになったものとして、アメリカで一九八〇年に出版された精神障害の診断と統計マニュアルであるＤＳＭ－Ⅲが知られている。「ＡＤＤ（Attention Deficit Disorder）＝注意欠陥障害」として、精神医学分類に登場した。一九八七年には、ＤＳＭ－Ⅲ－Ｒで「発達障害」は「精神遅滞、広汎性発達障害および特異的発達障害」とされ、「ＡＤＤ」は「ＡＤＨＤ（Attention Deficit Hyperactivity Disorder）」として「発達障害」とは別の「崩壊性行動障害」とされた[4]。

ＡＤＨＤは脳に障害のある病気とみなされ、ＤＳＭ以降、ＡＤＨＤと診断される子どもが激増し、よく動く子どもにリタリンという薬が投与されるようになる。先進国で現在多くの子どもがリタリン、コンサータ、ストラテラを服用させられている。

一九九〇年代初頭のイギリスでは数年の間にADHDが飛躍的に増加した。その原因は、使用禁止にしてきたリタリンを、国策を転換して解禁したことにある。薬を希望する親の要請を受けて医者が一斉に診断名を変えた、と児童精神科医の石川憲彦は説明する。[5]「発達障害」の原因も病態も、検査法も治療法も、ほとんどわかっていないのが現状である。国や文化によって診断基準は約一〇年ごとにコロコロ変わる、と石川は述べる。

この曖昧さが発達障害バブルを生み出した。最初の提唱者カナーが、「一万人に三人」と推定した自閉症（一九四三年）。一九七〇年代日本で「自閉的」という造語が出現して水増しされ、二〇〇〇年代「自閉症スペクトラムが流行すると」一〇〇人に数人まで増加した。[6]

医療経済研究機構などの研究チームの調査によって、日本では、知的障害のある子どもの一三％に統合失調症の治療薬である抗精神病薬が処方されていることが分かった（知的障害児に併存する精神疾患・行動障害に対する薬物療法の実態に関する研究：二〇一六年一一月一九日）。

これを過剰と日本に勧告し続けているのが、国連子どもの権利委員会である。二〇一九年三月には第四回・第五回統合定期報告書に関する総括所見で「注意欠陥・多動性障害の診断および精神刺激薬

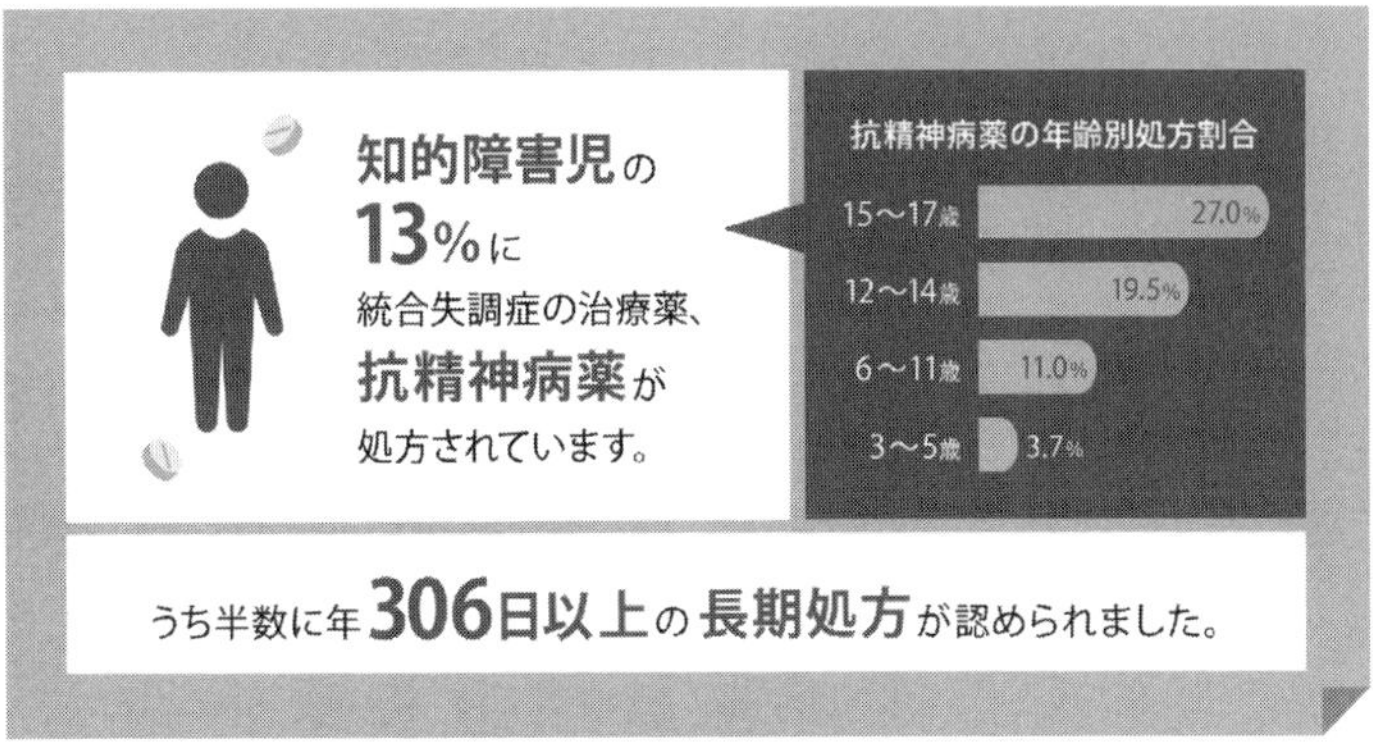

知的障害児に併存する精神疾患・行動障害に対する薬物療法の実態に関する研究について（医療経済研究機構 2016年11月29日）

の処方が増加している根本的原因についての研究を実施すること」とされ、すでに二〇一〇年総括意見では以下のように述べられていた。

委員会はまた、発達障害者支援センターにおける注意欠陥多動性障害（ＡＤＨＤ）の相談数が増加していることに留意する。……この現象が主に薬物によって治療されるべき生理的障害とみなされ、社会的決定要因が適切に考慮されていないことを懸念する。

委員会は、締約国がＡＤＨＤの診断数の推移を監視するとともに、この分野における研究が製薬産業とは独立した形で実施されることを確保するよう勧告している。

3．優生思想と私たち

二〇一六年、入所者一九人が刺殺され、職員を含む二六人が重軽傷を負った相模原障害者施設殺傷事件は、人々に大きな衝撃を与えた。障害者を排除する価値観を獲得した加害者が、自分よりもさらなる弱者は無用だ、その排除が社会にとって必要であって「障害者はいないほうがいい」と認識し、さらに正義感さえ携え犯行を行ったとされている。彼は、学校時代、障害のある子どもと同じクラスで過ごしていたという。[7] このことは、学校現場でのインクルージョンを進めてきた人々へ問いを投げかけている。学級における共生という運動だけでは限界があり、政治経済的な構造への指摘も常にあわせもつ必要を示唆している。

事件における加害者の価値観の話に戻ろう。アダム・スミスは、世の中の価値観が人々の「正義」（道徳）の感覚に及ぼす影響について、次のように述べた。

人間は、もし継続を許しでもしたら、人間にとって大切なことをすべて即座に終わらせかねない事態への発展を阻止するために駆け付ける……社会の一般的利益を配慮するという理由だけで、我々は処罰するし、処罰することを是認する。[8]

私たちは、もし放っておいたら人間にとって大切なことを終わらせかねない事態になれば、阻止しようとする。社会の利益に配慮するという理由で、不正義の処罰は認められる。つまり、その時代が尊重している価値観が人の「正義」を形作り、ときにその価値観にそぐわない人を処罰したり、そうなっても仕方がないという感覚までも育てるという。

いかにも、ここで述べられる原理は本事件の「正義」に重なるように思われる。つまり、「社会の利益」がこの事件には深く関わっているのである。容疑者は「社会の利益」を意識して処罰を行ったというように受け取ることができる。では、ここでいう「社会の利益」とは何か。さらに、私たちが無意識に認識している「社会の利益」とはどういうものだろうか。

まさかそこに優生思想が含まれるはずはあるまい。人権教育が行き渡っている日本でそんな原理は機能していないはずだ。「劣等な人間を淘汰し、優秀な遺伝的素質を持つ人間だけを残す」優生思想、そんな思想を私たちはもっていないと多くの人は考えるだろうか。人々は、基本的には差別はいけないと思っている。しかし、私たち社会の日常を動かしている原理はどうなのだろう。どんな価値観で覆われているのだろうか。「劣等な人間を淘汰している」と認識こそしないが、一方で「優秀な素質を持つ人間」を作り出すことが社会や学校の常識となり、ソフトで巧妙な優生思想で埋め尽くされていはしないだろうか。

アマルティア・センは、「正義の位相」を論じながら次のように言う。

> 「格差原理」のような社会構造の取り決めは社会的な交流パターンに影響をおよぼさざるを得ない……しかしある焦点集団によってなされた決定がその焦点集団自体の構成に影響を与える。[9]

影響力のある集団の決めた原理が、その集団全体に影響を与え、格差を促進する。私たちの社会において影響力のある集団はどのような原理を決め、時代を動かしているのだろうか。

4．ＯＥＣＤの教育戦略

(1) 二〇一四年ＯＥＣＤ会議

二〇一四年、筆者はパリのＯＥＣＤ（経済協力開発機構）本部で行われた教育・職業・雇用作業部会に参加する機会があった。ＯＥＣＤが企画する教育政策や調査計画に対して議論し意見を述べるという諮問会議には、一五カ国から五〇名ほどが参加していた。そこで問題となったのは、社会における能力の捉え方であった。ＯＥＣＤの研究チームは次のような考え方を繰り返した。

○人々が努力すれば教育で上昇できる。教育は人々にチャンスを与えることができる。
○社会の公平性が下がると社会的リスクが高まるから、教育が大事な要素になる。
○個人のスキルを最大に開花できるようにすることが必要。
○大事なのは「雇用者が求める要求」に指導している能力が合っているか。

つまり、ＯＥＣＤの専門家集団の考え方はこうなる。教育がむしろ格差を作っているが、教育は自分の現在の境遇から抜け出し個人としての成功に結びつけられる。企業や雇用者側が何を必要としているかを察知し、そこに合わせて学校教育を行おう。

それに対し、各国参加者からは次のような意見が多く出された。

○生活の質を高めるためには、個人の能力アップよりも「公平な世界」を作る方が大切。
○教育で乗り越えることが強調されるが、雇用政策での改善が必要。
○教育だけで考えてはいけない。
○OECDが望むものを教育に押しつけていることが不安。
○データ分析ばかりで「学問の自由」が奪われてゆく。

(2) 二〇一六年OECD会議

二〇一六年一〇月、筆者は再び、OECDでの教育・職業・雇用作業部会に参加した。ヨーロッパを中心に一七カ国から約五〇名が参加し二日間行われた。この会議の模様も紹介しておこう。OECDの説明は次のようなものだった。

これからの学校では経済に役立つ教育が求められる。グローバル企業が求めている労働者を養成しなければいけない。とくにデジタル・スキルが必要だ。グローバルなコンピテンシー（能力）を確立し、学校ではその能力育成を中心にする。これは世界各国の政府が同意した目標だ。将来役に立つ労働者を作り出すため、子どもの能力を育てなければならない。そのため知識、スキル、態度と価値観、財務能力、協働能力、社会に貢献してゆく能力などをＰＩＳＡテストで計ってゆく。データがなくては議論ができないからだ。

どのＯＥＣＤ所属の研究者も同様に行う説明に対し、各国の代表からは反論が続いた。たとえば、アイルランド代表は次のように述べた。「テストの過剰、評価の拡大によって新しい展望は出てこない。労働市場にデジタル化という重荷は新たな格差を生み出す。ＯＥＣＤの説明は都市部中心型の経済ありきで組み立てられている。それが不可避か。それはディストピア（暗黒世界）につながる。」

筆者は次のように述べた。「社会に貢献する知識、スキル、態度及び価値観とおっしゃるが、その社会の側は個人の良好な生活のために貢献、改善されないのか？　前回も雇用の劣化を指摘したが、改善をどう考えているのか？　教育によって経済格差はさらに開くが、個人のスキルアップによって、さらなる教育で乗り越えろと自己責任論になっている。劣化した雇用の状況を見ず、個人の努力の話にするのは論点をずらした視野の狭い危険な組み立て方だ。」

参加者の多くは賛同してくれたが、ＯＥＣＤ側にはほとんど通じない。「とても共感できる」と言いつつ「ＰＩＳＡを通して社会は改善される」と繰り返す。利益を得るのは、必要な能力を備えた人材を求めうるグローバル資本である。

各国政府とますます親密になったOECDの教育政策は方向性がより鮮明になり、恐ろしく巨大化していた。「優秀な人材」を作り出すスキル戦略である。OECDスキル戦略は二〇一二年に誕生し、それまでの「教育局」は「教育・スキル局」に改称された[10]。

OECD教育戦略は、二〇〇〇年に誕生したPISA（生徒の学習到達度国際調査）の爆発的な先進国への広がりを通して、各国政府に対する影響力を著しく増している。順位に一喜一憂する日本では、二〇〇七年から全国学力調査を行うきっかけにもなった。

文部科学省では、一九九二年度からOECDとの共催によって、日本国内で国際会議「OECD/Japanセミナー」を開催している。セミナーは、OECD教育事業の紹介や、他のOECD加盟国との情報交換等を通じて、教育の分野における国際的協力を促進するとともに、日本の教育発展に寄与することを目的としている。二〇一五年一二月には、第一八回OECD/Japanセミナーの「Education 2030――21世紀コンピテンシー」が開催された。その時、アンドレアス・シュライヒャーOECD教育スキル局長は、次のように日本を絶賛している。「格差の拡大は個人の能力に原因がある。基礎的な力がないと格差は拡大する。しかし、日本はPISAの結果にみるように、社会的・経済的に不利な条件にある場合でも、教育によって効果をもたらしている。」彼は、貧困は個人の問題と言い切り、しかし経済的に厳しくともがんばることができる人々がいる日本の政策は優れているとした。日本政府とOECDの教育政策はますます呼応した方向性を打ち出している。

能力の物差しで選別されることによって構造的貧困が再生産され、それは構造的暴力につながる[11]。

「構造的暴力」とは、経済原理によって排除された人々が自分自身を追い詰め、その緊張しきった構造が招いている暴力のことだ。優秀な人間を育てることが重要というソフトな優生思想によって、社会的弱者がつくられ、自責他害が強まっている。若者による事件を生み出す構造的暴力を見ず、現在の教育政策の方向は、国内も世界もグローバル資本が臨む人材養成を目標とすることによって、結果的に社会的弱者を生産する方向にしか向いていない。

ＯＥＣＤは、「知識基盤型経済社会」への移行を受けて、新たな「能力（コンピテンシー）」を提案した。従来の工業中心社会において重視されてきた、定型化された生産過程を前提としたいわゆる職務能力に代わって、リスクに富み変動著しい現代の経済社会の中では、さまざまな具体的な文脈に応じ、「自分や他者が有する諸力を適切に組織・活用」して状況を開いていく能力が必要とされる。この能力は「参加としての学習」によってはぐくまれるものであり「関係的な能力」でもあり、「コミュニケーション能力」でもある。

雇用者側が必要としているスキルが「キー・コンピテンシー」だ。文部科学省のホームページでは、「ＯＥＣＤにおける『キー・コンピテンシー』について」で、次のように説明されている。

key competencies（主要能力）。教育の成果と影響に関する情報への関心が高まる中で一九九〇年代後半にスタートし、二〇〇三年に最終報告されたＯＥＣＤのプログラム「コンピテンシーの定

コンピテンシーの概念

「コンピテンシー（能力)」とは、単なる知識や技能だけではなく、技能や態度を含む様々な心理的・社会的なリソースを活用して、特定の文脈の中で複雑な要求（課題）に対応することができる力。

教育と社会発展

知的技能であるかどうかにかかわらず、技能は個人の成功や社会の発展にとり、重要です。しかし、知識ベースの構築は限られており、私たちは次のような重要な政策課題に十分に対応できていません。

・どの技能が重要なのか。
・そうした技能がなぜ重要なのか。
・どうすれば重要な技能を養えるのか。

ＯＥＣＤ教育研究革新センター（CERI）パンフレットより

義と選択」に規定されており、ＰＩＳＡ調査の概念枠組みの基本となっている。単なる知識や技能だけではなく、技能や態度を含む様々な心理的・社会的なリソースを活用して、特定の文脈の中で複雑な要求（課題）に対応することができる力であるコンピテンシー（能力）の中で、特に以下の性質を持つとして選択されたもの。

１．人生の成功や社会の発展にとって有益
２．さまざまな文脈の中でも重要な要求（課題）に対応するために必要
３．特定の専門家ではなくすべての個人にとって重要

この「コンピテンシー」は、世界の学力テストとしてＰＩＳＡ調査の枠組みの基本概念になって

いる。ＰＩＳＡ調査に関しては、二〇一四年からニューヨーク州立大学、アリゾナ大学などの研究者を中心に原理的な批判意見書が提出され、世界の人々が賛同し署名している。点数至上主義やそれにまつわる学校現場の変容が教員の自主性を奪い、市民社会を台無しにしていくという指摘である。その「コンピテンシー」の語源の一つは「競争（compete）」である。

オランダを通して福祉国家を論じる水島治郎は言う。[12]

コミュニケーション上の問題が発生した場合、実は多数派の側にその責任があることも、十分ありうるのである。なおその点でポピュリズム的な政治のあり方は、一見積極的な情報発信や切れの良い表現を駆使し、市民の「参加」を促し、卓越したコミュニケーション能力を発揮しているようにみえて、その実自らのコミュニケーションのモードに合致しない少数派の排除に動いている国民国家やＥＵなどマクロな集団においても、その「自らを問い直す」地道な作業が求められている。

ＯＥＣＤでは日本人研究者も活躍している。今回の説明をしたＯＥＣＤ研究者のひとりも日本人だ。たとえば、日本の有名大学を出て米大学院、日本の企業、ＪＩＣＡ、国連、ユニセフ、世界銀行などとキャリアを重ねＯＥＣＤの重要ポストにつく。日本の企業倫理やグローバル経済界を経験した若手だ。使命感をもって、まっすぐにＰＩＳＡというテストが世界をコントロールできるよう向き合っている。彼らにとっては、能力のある優秀な人材を作り出すことが「正義」なのだ。

私たちは、教育や政策の方向性を「新自由主義」批判というスタンスをとることで分かったふうになりがちだ。果たして、それはどのように機能しているのか。能力でキャリアを重ねることが当たり前の後期近代以降に育った人々は何の疑いも無く、むしろ使命感さえもち教育やテストを基盤として社会を作ろうと邁進している。能力をつけ努力する──この価値観を重ねてきた若手キャリアたちにとって、能力主義の原理を疑うなどほとんど不可能である。彼らはまさに、私たち社会が育てたモンスターなのである。

5. ディストピアへの進路を変更する

ここにきて、能力主義の勢いと急激な流れに筆者は圧倒されもしている。もし、市民社会がその方向性を止める知恵を携えていたら、そう難しい問題ではない。しかし、私たちの社会は残念ながら、近代以降、徐々に強まる能力主義・学歴主義「教育」によって、ヴィジョンなき社会となっている。

学校で障害のある友人がどのようにまわりの人々に認識されているかを見て、子どもは人間観・社会観を形成してゆく。能力主義が常識の社会において、障害者の分別（差別）的扱いを学ぶ。学校を出て仕事に就くなかで、能力主義的な現実路線に投げ出され、そこで承認されない自分は、自責の対象になる。そういった子ども・若者の育ちや環境そのものが、構造的暴力を醸成している。いじめ、ホームレスの襲撃も同じ構造だ。

事件を起こす者がどのような想いを抱えて生きてきたのかは分からない。相模原事件の加害者は、モンスターと言われても仕方のないような事件を起こした。その一カ月後のパリ会議で、筆者は、事件の基盤となる価値観を同じくするモンスターに出会ったようにさえ感じたのだ。彼らキャリアが責められるというのも短絡的である。なぜならば、この価値観「できる人ほど優秀」は、リベラルな識者や私たち社会の価値観でもあるからだ。社会的弱者は排除されても仕方がないという発想を、日本の社会は学校で、地域で、国も市民も日々なぞっている。

アメリカに端を発する障害児プログラムは、集団に個を最適化しつつ統合するものだった。そうした現在を見通したかのように、フーコーは私たちに提案を残した。「個人とは権力の産物だ。必要なのは、増殖と位置移動によって、種々のアレンジメントを『脱＝個人化』することだ。集団は、階層化された諸個人を統一する有機的な絆であってはならない。『脱＝個人化』の絶えざる生産機械であるべきだ。」[13]

近年の日本における特別支援教育は、多様な個に応じて分けて、統治する教育となっている。障害のある子どもへの投薬処方も学校で常態化しており、いずれも子ども集団から彼らを「排除」している。その思想は、社会的に影響力のあるＯＥＣＤや教育行政の原理でもある。学校の組み立てでは、うまくできる人が優れているという能力主義ベースに特別支援教育が置かれていることが見えてくる。

結果、差別的な空間を再生産していることになり、そのなかで障害児・者排除の思想が醸成されている。

第10章　EdTech《エドテック》とコロナショック——「なんと素晴らしい瞬間」

戦時期に淵源を持つ技術と結びついた非民主的遺産を理解し向き合うことは日本の二一世紀の困難を乗り越える上で大きな可能性をもたらすであろう。慢性的な不景気や原子力に過度に依存した危険なエネルギー政策、継続する支配的かつ強固な官僚制度、真の意味で地域の能力を養成することに失敗した海外での開発援助などの諸問題の根源は、日本という国家とそこに連なる者たちが長期間にわたる発展途上国の貧困解決策は技術であると訴え取り組み続けたことにあるのだから。

アーロン・S・モーア
『「大東亜」を建設する』二〇一九年

二〇二〇年七月六日に発表したレポートで、国連は「自然破壊や気候変動が続けば、新型コロナウイルス感染症のような病気が増える」と警告した[1]。動物から人への感染症が増える要因として挙げられているのが、食肉の需要増や持続不可能な農業の広がり、野生動物の搾取、都市化、産業による天然資源利用の増加だ。過去半世紀で食肉生産は二六〇％増え、感染症の二五％がダムや灌漑、工場式畜産業に関連しているという。

人々の消費行動が問われている。私たちは必ずしもレポートで指摘されているような開発主義をよしとしてきたわけではないが、人々の暮らしや生き方は、グローバル資本主義に包摂されている。グローバル資本主義のなかにある「活力ある社会」という政府のスローガンは、フーコーのいう「生政治」をわかりやすく示している。「生かすための権力」を私たちが内面化しているからこそ、人々はそのスローガンを違和感なく受け取ってきた。しかし新型コロナウイルス（以降、コロナ）は、活力ある社会を、最初に学校を止めた。

日本の首相は、二〇二〇年三月から、全国の学校に臨時休校を要請し、多くの学校が休校した。四月からは緊急事態宣言が発令され、地域によっては五月末まで延長された。このため、多くの学校では、二〇二〇年度の小四から中三までの年間授業時間数の二割の授業ができなかった。再開後、学校は始業前や放課後に授業を上積みしたり、夏休みを短縮することで「遅れ」を取り戻そうとした。カリキュラムの積み残しと「遅れ」に対する問題意識は、世の中の暗黙の常識となった。三月に首相が標準時数にとらわれなくてもいいと発言したにもかかわらず、ほとんどの自治体の教育委員会と校長会はカリキュラムの時数を大きく削減できなかった。

一方、法改正を行い、民間事業者との「産学官連携」体制の準備が整えられていた。文部科学省（以降、文科省）によると、「ＧＩＧＡ（Global and Innovation Gateway for All）スクール構想」の目的は「子供たち一人ひとりに個別最適化され、創造性を育む教育ＩＣＴ環境の実現」で、すべての小・中・高校・特別支援学校などで高速大容量の校内ＬＡＮを整備し、一人一台の学習用端末を二〇二三年度までに整備する計画を前倒しし、すでに小中学校の全学年分を配備できる予算を確保した。[2] ＧＩＧＡスクール構想における政府の補助金は、タブレットなど端末一台あたり上限四万五千円のため、各自治体が他の予算を減らし、大幅に残額を支出する。ＩＴ業界にとってＧＩＧＡスクール構想は、税金から収益を上げる新たな巨額の市場となっている。

文科省に先駆け、教育ＩＣＴ化は、総務省が二〇一四年度に「教育現場におけるクラウド導入促進方策に係る調査研究」事業を行い「教育ＩＣＴの新しいスタイル　クラウド導入ガイドブック２０１５」を作っている。「もう止まらない教育のＩＣＴ化の流れ」として、児童生徒に一人一台を強調した。文科省によると「将来的に保護者負担（ＢＹＯＤ：自分の端末を持参する）への移行を見据え」ている。全国の子どもをもつ家庭が「文房具のように」端末を購入することになっている。文科省は、公立の小・中学校、義務教育学校、中等教育学校及び特別支援学校で使用するタブレットなどの端末の納品が、全国九七・六％の自治体で完了したという調査結果を公表した（二〇二一年三月）。

文科省は、二〇一五年からデジタル教科書を使用して「文字・図形・音声・動画」等を配信し、二〇二〇年の学習指導要領から、小学校の「プログラミング教育」を必修化した。コロナ対策による休校を受け、文科省HPでは「#学びを止めない未来の教室」とタグ付けし、休校中のみ無料で、その後は有償の学校向け教育産業サービスのリンクなどを一一七箇所、紹介した。そのHPには「経済産業省教育産業室より緊急メッセージ」として以下のように記された。[3]

新型コロナウイルス感染症対策。

全国の学校の臨時休業が進むでしょうが、そんなときこそEdTechがその力を発揮します。

「学校が閉まってるからって、学びを止めないで済む」

そんな社会の実現に向けた挑戦だと、前向きに考えたらよいのではないでしょうか。

経済産業省「未来の教室」プロジェクトでは、実証事業で一緒に汗をかいているEdTech事業者さんのみならず、日本の様々なEdTech事業者さんが動き始めた素敵な取り組みをご紹介し、一人でも多くの生徒さんたちに学びの機会を届けたいと思います。


「EdTech《エドテック》」はEducation（教育）とTechnology（情報通信技術）という言葉の組み合わせだといわれる。文科省は、EdTechを「教育におけるAI、ビッグデータ等の様々な新しいテクノロジーを活用したあらゆる取組」と整理している。二〇一九年、議員立法によって改正された科学技術・イノベーション創出の活性化に関する法律において、政府の課題は「産学官連携によるイノベーションの創出の促進」のために必要な施策を講ずることとされていた（傍線、筆者）。

第三十四条の二　研究開発法人及び大学等は、民間事業者におけるイノベーションの創出を効果的に行うためには研究開発法人及び大学等がその研究開発能力を最大限に発揮して積極的に協力することが重要であるとともに、このような協力を行うことがその研究開発能力の強化に資することに鑑み、産学官連携を組織的に推進するために必要な体制の整備、仕組みの構築、民間事業者に対する情報の提供その他の取組を行うよう努めるものとする。

2　国は、研究開発法人及び大学等による前項の取組への支援その他の産学官連携を促進するために必要な施策を講ずるものとする。

コロナ禍において、EdTechは各国政府から熱い眼差しを向けられ、すさまじいニーズがあった。果たして、EdTechは世界的にどのような産学官連携をつくったのだろうか。本章では、EdTechも含むテクノロジーが歴史的にどのような帰結をもたらしてきたかを参照し、私たちが置かれている状況を考察する。

1. コロナ以前のEdTech

〝It's a great moment〟「なんと素晴らしい瞬間。邪魔する規制はすべてなくなり、前には関心のなかった方法を人々は探し求めている。」[4] ＯＥＣＤ教育スキル局長のアンドレアス・シュライヒャー氏は、コロナ禍の教育デジタル化についてこう述べた。

前章で紹介した二〇一六年に開かれたＯＥＣＤの公教育関係者会議では、二〇一四年のＯＥＣＤ会議と比較し、急激にデジタル化の議論の分量が増した。ＯＥＣＤが加盟国をあげて参加するようになった世界教育産業サミット（The Global Education Industry Summit）の前から、ＯＥＣＤのEdTechへの関心は大きく展開した。

日本は、教育政策におけるＯＥＣＤの優等生として歩調を合わせてきたし、前章で述べたようにＯＥＣＤ内部に日本出身の若手研究者たちも抱える。[5] 公開されていない本会議での「世界教育産業サミット」に関する各国の議論を紹介しておこう。

ＯＥＣＤ側の世界教育産業サミットの説明は次のようであった。教育産業団体、つまり「商品としての教育」が重要になってきたため、利害関係者を一同に集めて、デジタルスキルなどに関する情報を提供することが必要と考えた。それに対し、次のような意見が出た。

二〇一六年九月、イスラエルのエルサレムで世界教育産業サミットが開催され、EdTech Israelが設立された。イスラエルが意欲的だったのは、関係大臣が就任前にテクノロジー会社で大成功していたからである。サミットの内容は、企業精神について、テクノロジーの利用法、政策と技術革新を結んで展開するためのセッションなどが中心であった。学校の外部からテクノロジーを導入する人々がやってきて、学校文化を破壊するような事柄を述べていた。世界の誰もがテクノロジーの仕事につけるわけではないという意見もあった。ヘルシンキのサミット（二〇一五年）でも議長が長時間話し、経済に直結するテクノロジーを強調し過ぎており、EdTechの宣伝にだまされているような気がしたという意見もあった。

ヨーロッパを中心とした世界の公教育関係者たちが口々に激しく批判や危惧を述べていたのが印象的であった。そんななか、世界のすべての教育現場にCOVID-19が到来した。

日本では、二〇二〇年三月からの学校の臨時休業にともない、四月前後から塾産業ではオンライン家庭教師を準備、一斉に競争を展開した。

個人投資家向け株式情報サイト「株探」では、「教育ＩＣＴ関連が株式テーマの銘柄一覧情報」として取りまとめられ、次のように紹介されている。「二〇二〇年度をメドに全国の小・中・高等学校でタブレット端末などを活用した『デジタル教科書』の使用が認められる予定であることや、小学校でのプログラミング教育が必修となることなど、大きな制度変更が目白押しとなっており、関連市場の拡大が期待されている。[6]」

前述のように文科省では、コロナ対応に関する情報をまとめたウェブサイトを開設し、学校ではさまざまな対応策を採用している。ＩＣＴを活用した遠隔学習（オンライン授業、ビデオ会議、グループウェアを活用した指導など）が多いが、現場では機器の不備や準備不足で、ＩＣＴ環境の充実が一般的には求められる傾向がある。

コロナという緊急事態は、世界中の教育システムに影響を与えた。世界中の政府や教育部門が、リモートラーニングを強化するため技術解決策に取り組んでいる。オンライン学習や「緊急遠隔教育」への移行は、EdTechを教育に不可欠な要素として、民間企業や商業組織を必須の教育サービスの中心に据えた。コロナショックによって、教育の民営化と商業化がスムーズに拡大、深化した。

2．EdTechによる政治的・企業的再編

二〇二〇年四月、教育インターナショナル（Education International）はコロナ禍の教育の民営化と商業化に関する緊急研究プロジェクトを公募した。同年七月にはエジンバラ大学のベン・ウィリアムソンとクイーンズランド大学のアンナ・ホーガンによる共同研究「コロナ禍の教育をめぐる商業化と民営化（Commercialisation and privatisation in/of education in the context of Covid-19）」が公開された。以下では、この報告書の概要を紹介する。[7]

（1）グローバル教育産業という解決——長期的な解決策としてのEdTech

コロナ禍、民間企業や営利組織からなるグローバル教育産業は、教育の提供において重要な役割を

果たし、教育システムや実践にEdTechを挿入するために、地域、国内、国際的な規模で活動してきた。また、民間のテクノロジー企業がコロナ危機からの復興期やそれ以降の公教育システムに組み込まれるような長期的な改革を積極的に進めており、ハイブリッドな教育と学習の新しいモデルが生まれている。世界の教育業界は、この危機を教育変革の触媒となる機会として確立させようとしている。

(2) コロナ連合の組織づくり――教育政策における官民連携の強化

商業的なプロバイダーの役割は、公的、民間、第三セクターを横断する様々な組織によって支持され、促進され、推進されてきた。今回のコロナ禍で最も影響力のあった教育技術策の推進者には、世界銀行、ＯＥＣＤ、ユネスコなどのグローバル組織が含まれており、各国政府の政策立案センターへの教育技術事例を提案するために活動している。

商業的な教育技術の提供者や擁護団体も、学校、教師、保護者が使用する教育技術製品を促進するために強力なネットワークや連合を形成している。これらの連合は、教育技術の拡大に関連して多分野の官民連携や政策ネットワークが新たに出現し、教育の提供や管理における民間部門の役割が高まっていることを示している。

ＯＥＣＤは、ユネスコグループの主要なパートナーだ。ＯＥＣＤは、多くの政府機関への政策提案パッケージの一部として国が学校閉鎖に取り組むための政策提言「COVID-19への教育の応答：デジタル学習とオンラインコラボレーションの実現」を発表した[8]。ＯＥＣＤ「COVID-19への教育対応を導くためのフレームワーク２０２０年のパンデミック」では、関連分野への投資が「必須」であることが強調されている。

（3）コロナ禍の社会貢献活動

コロナ禍、学校閉鎖対策としてのEdTechのための金融支援と政治的な代弁活動は、ゲイツ財団やチャン・ザッカーバーグ・イニシアティブなどの社会貢献活動によって提供されてきた。

これらの慈善団体は、新たに数百万ドルの資金を様々なEdTechプログラムに提供し、公教育における民営・商業化の長期的役割を強化しようとしている。また、裕福な個人の技術系社会貢献家は、将来の教育を「新たに想像する」専門家としての権限を与えられている。彼らには、既存のビジョンや技術を中心とした教育モデルへの資金援助、政策に影響を与える可能性が付与されている。

（4）EdTechの市場づくり

ベンチャー資本とインパクト投資がEdTechの価値を高める。金融機関、市場情報機関、ベンチャー資本、投資家はコロナ禍に資本を投下してきた。アメリカと東南アジアを中心に、すでに高いレベルでのEdTech投資が行われている。資本を刺激するための市場予測が行われており、コロナ禍は教育分野での技術利用が急増している資本を投下するチャンスとみなされている。ベンチャー資本、未公開株、インパクト投資、ソーシャル・ボンドを含む金融モデルはすべて、コロナ禍、教育技術に資金を提供するために利用されてきた。今後一〇年間のデジタル学習技術の価値についての市場予測で、公教育の新たな破壊的モデルから利益を得ようとする投資家をさらに引き付ける可能性が高い。

（5）民間の再構築

技術系企業が教育分野にデジタル商品を大規模に広めている。Google, Microsoft, Amazonなどの大手グローバル企業は、国際的な規模で、迅速かつ無料で提供する能力をもつことから、製品やサービスに対する需要が急増している。政策に影響を与える国際的な組織や政府機関の支援を受け、これら企業は学校、教師、生徒をグローバルなクラウドシステムやオンライン教育プラットフォームに統合し、公立学校が民間の技術インフラに長期的に依存するという見通しを高めている。

また、YouTubeやTikTokなどのソーシャルメディアは、自宅で学習する学生のためのコンテンツ作成のツールとして教育分野での存在感を高めようとしており、広告主を惹きつけて収益を増やし、教育を商業広告業界のための手段に変えている。

（6）教育ビジネスの拡大――オンライン・スクール、AI、生徒監視の範囲の拡大

ピアソンのようなグローバルな教育ビジネスから新興企業まで、様々なタイプの教育企業が、学校で使用するための製品を急速に販売し宣伝してきたが、多くの場合、一時的に多額の補助金を受けている。

「AI」技術は、教師が不在でも「個別化」された教育を提供できることから、特に中国で大きな成長を遂げており、生徒のバーチャルな出席状況を監視し、社会的・情緒的な学習と幸福度を評価し、学校が保護責任を果たすという名目で、生徒監視技術が採用されている。これらの開発は、学校教育の新しい分野にまで教育ビジネスの手の届く範囲を広げ、教室での長期的な影響力を高めることになるだろう。

(7) 世界銀行の「支援」

世界銀行の信託ファンドであるGPEは、世界最大級の多国間のマルチステークホルダー・パートナーシップであり、教育の分野では、民間の財団や民間企業を含むメンバーで構成されている。マイクロソフトやピアソンなどの企業や、寄付者や開発途上国、国際組織などである。

コロナ禍に世界銀行は「戦略的影響評価基金」を発表した。低・中所得国の子どもや大人たちが現在のサービスでは十分な学習ができていないとし、それを検証する実験的評価技術が学習とスキルの両方を加速させるとした。

直接の支援ではないが、世界銀行の戦略的資金によって、商業組織は教育を支援するためのエビデンスを構築している。コロナ禍に特化した大規模な教育危機に対応する技術的解決という理由で、世界銀行のガイダンスの提供、遠隔学習、EdTechなど、国際的な教育技術の活用方法を紹介する「ベストプラクティス」カタログ[9]や遠隔学習へのアクセスをサポートするために[10]、世界銀行のEdtech

チームがまとめたリストを作成した。インターネットサービスプロバイダーとの連携を強調し、オンラインでの利用を可能にした。

補助金付きデータプランの学習、商用プラットフォームの利用、遠隔教育・学習（Google の G Suite for Education など。Microsoft 365, YouTube チャンネル）、オンライン学習プロバイダー（EdModo.Schoology, Khan Academy）、学習管理システム（Moodle.Canvas）、モバイル e ラーニングアプリ、ビデオ会議（Zoom, Skype, Amazon Chime）、ソーシャルメディアのコミュニケーションツール（WhatsApp, Google Hangouts）や政府主導のポータル、リソースバンク、ウェブサイトなどがある。

このように、コロナ禍に世界銀行は、官民連携、開発途上国の技術提供者として、EdTech と関連技術をＧＰＥ（信託ファンド）とともに官民一体となった支援を行ってきた。また、国際組織（ユニセフ、ＷＨＯ、世界保健機関、ユニセフ銀行、教育のためのグローバル・パートナーシップ、ＯＥＣＤ）、市民社会／非営利団体と民間企業（Microsoft, Facebook, Google, Zoom）、その他様々なメディア組織とネットワークが展開された[11]。

コロナ禍に民間教育企業ユーザーが増加したのは、ユネスコによる非公式のお墨付きの影響が大きい。世界銀行、ＯＥＣＤ、ユネスコなどは実質的な信頼性が高く、民間企業や EdTech 企業にとっては、自分たちのパブリックイメージを高めることになる。

以上のように報告書では、新しい形の官民の教育統治の枠組みが、コロナ禍に前面に出てきたことを明らかにしている。

EdTechなどの技術は、私たちの生活を快適にしたかに見える一方で、国家や人々の生に何を招いてきたのかについて先行研究から学びたい。

3．テクノロジーが全体主義を準備する

(1) 解決策としての技術という問題

ミシェル・フーコーは、一九七五年のコレージュ・ド・フランス講義『異常者たち』で、癩病モデルからペストモデルへの移行をめぐる議論を扱った。そこで、ペストの狂乱は「統治のユートピア」を連れてくると説明され、「個別化し包摂する統治」があまねく打ち立てられるといわれる。[12] この論理を報告書に重ねてみると、コロナは「EdTech統治のユートピア」を連れてきたと見ることもできる。では、それは「個別化し包摂する統治」を引き寄せているのだろうか。

コロナ以前から世界各国で排外主義が顕在化し、自国第一主義が台頭してきた。それは「表現の自由、思想信条の自由、報道の自由、移動の自由など、さまざまな自由の抑圧を伴う。ここには明らかな全体主義の芽が萌している。……『全体主義』と『テクノロジー』は、重なりあい、入り乱れる万華鏡の戯れのように、互いに互いを燃え上がらせる。[13]」では、全体主義とテクノロジー（技術）の関係はどうなっているのだろうか。

近現代日本を射程に科学技術史を研究したアーロン・S・モーアは、『「大東亜」を建設する』で、戦時日本の技術がどのようにファシズムとつながっていったのかを重厚な研究として残した。

戦時下の日本における技術とファシズムとの連結（すなわちテクノ・ファシズム）は、有機的な『国民生活組織』において日本の東アジアの主体の多元性を組織することを企図した、新しい権力の様式を意味していた。革新官僚が心に描いたテクノ・ファシズム的ユートピアは、個人性・自主性・創造性を保証するのではなく、日本の戦時国家と実業界の利益を確保しながら、戦争中に何百万のアジアの人々の生活と労働力を利用したディストピア的な社会機構を構築するのに大きく貢献した。[14]

モーアによれば、「技術」は、革新官僚によって「資本主義の刷新に積極的に参加する動員された主体」によって、統制した社会体制への再編成というイデオロギーとして使われたという。

では戦後、とりわけ高度経済成長期以降の技術のあり方はどうであったのだろう。

一九七三年のオイルショックの結果、日本政府は戦前と戦時期の「技術立国」というスローガンを再び用いて国家を動員したが、そのスローガンは日本を重工業への依存が少ない高度情報化社会へ移行させることを狙っていた。バブル後でさえ、高速交通の形成やインテリジェントビル、管理センター、光通信、巨大娯楽施設といった、巨額の費用が投下された都市計画が日本中で実行された。戦時期と同様、技術は次第に人々の希望や夢を動員し、社会経済的不満を発散させるために役立つ権力の地平で動員される概念となった。[15]

モーアは説明する。「植民地期と同様、このようなプロジェクトは地域住民の利益にかなったことは一度もなかったが、技術を通した総合開発計画の下に地域住民は包摂されていった。[16]」戦後の経済成長は、人々の健康や人生そして共同体が代償を払って達成したものであることが明確になってもなお、発展をもたらす日本の技術の方向性は正当化された[17]。そして、戦時期の技術的想像力の批判的評価に失敗したことは、想定を超えた環境破壊と、国家の発展という名の下に継続した動員体制、そして地方自治体の服従という結果をもたらした[18]。

そして、モーアは次のように結ぶ。

戦時期に淵源を持つ技術と結びついた非民主的遺産を理解し向き合うことは日本の二一世紀の困難を乗り越える上で大きな可能性をもたらすであろう。慢性的な不景気や原子力に過度に依存した危険なエネルギー政策、継続する支配的かつ強固な官僚制度、真の意味で地域の能力を養成することに失敗した海外での開発援助などの諸問題の根源は、日本という国家とそこに連なる者たちが長期間にわたる発展途上国の貧困解決策は技術であると訴え取り組み続けたことにあるのだから[19]。

モーアは、「解決策は技術である」と訴え取り組み続けたことこそが諸問題の根源であると結論づける。本書の解説で、藤原辰史と塚原東吾はいう。

ファシズムとは単に人種主義的あるいは民族至上主義的なナショナリズムでもなく、抑圧、暴力を強調するイデオロギーだけでもない。科学技術を奨励し、社会と経済を合理化して、創造性と生産性を促進するイデオロギーでもある。[20]

全体主義は技術を奨励するイデオロギーでもあり、それは多様な主体を動員しているのだ。

(2) EdTechによる自発的搾取

技術史を専門とする中岡哲郎は、二〇世紀後半の技術の進展の問題性を早くから鋭く論じてきた。

戦時研究の産物で最も大きなものは、もちろんマンハッタン計画の産んだ原爆だが、その破壊力が大きければおおきいほど、この組織された科学の力を、平和と貧困克服に向けさえすれば、という思想が戦後をとらえる力は大きかった。国連の「開発の十年」や、緑の革命のような運動も、この思想にみちびかれた貧困克服計画であった。今この時代の精神を振返って、それがナイーブにすぎるとみえるのは、二〇世紀の後半がその期待の裏切られて行く歴史だったからだ。[21]

技術の浸透とともに、人間の生活の中から労働の役割がだんだんと後退して行き、それが人間の社会的能力を少しずつ失わせ、人間を個室人間化してゆくような作用をもつ。[22]

中岡は、技術を平和と貧困克服に向けさえすればという思想が戦後をとらえたが、二〇世紀後半はその期待の裏切られて行く歴史であり、技術は人間を「個室人間化」してゆく作用をもつと述べた。「個室人間化」、すなわち「個別化／個人化」である。

山本泰三は、「認知資本主義」というキーワードを用いながら「個人化」を俎上に載せる。人的資本という概念装置は、個々の人間に作用し、生の潜在的エネルギーを駆り立てる。人的資本の枠組みは、雇用関係の「個人化」を裏打ちする装置である。[23]

技術一辺倒の解決策は、リアルな関係性を捨象し、個人化を導く。個人化は全体主義を準備するという論理を導いてきた。G・シャマユーは『ドローンの哲学――遠隔テクノロジーと〈無人化〉する戦争』でいう。

フーコーが注目した「パノプティコン」は、ギリシア語ではまさしく「すべてを見る」という意味であったが、「眼」はもはや刑務所の中央にではなく、空のあちこちに浮遊することになる。[24]

本書を訳した渡名喜庸哲は、ドローンによるリモート戦争を例として、大学のリモート授業を説明する。[25]「モニターを見る目と音声が響く耳が『教室』となる。教室という場を身体が体現することにより、身体を通して統治が内面化させられる」と、ＰＣを通しての身体の統治を指摘する。生かす権力、生権力とは、人々の「生」に介入することで集団を効率的に管理・統治する権力のことであった。すでに中国やアメリカでは、オンライン学習を通して、学習者の心身の変容や特徴の情報を収集し、活かす／生かす実践が行われている。

ユネスコ統計研究所は、コロナ禍の「生徒の必要不可欠と考えられるデータ」をモニタリングし、収集に重点を置くよう各国政府に助言し、以下のようなガイダンスを発表している。[26]

ユネスコ統計研究所は世界銀行および教育のためのグローバル・パートナーシップ（GPE、世界銀行の信託ファンド：筆者注）と協力して、世界的な習熟度の枠組みの下で学習を測定するための短い標準化テストを開発しているところです。これらのテストは、まもなくグローバル・コモンズを通じて自由に利用できるようになり、アクセスできるようになります。

ジェンダーや貧困などの問題、教師のEdTechへの参加、個々の教師の特性別に集計された教育の提供、性別や契約状況など、短時間テストや生徒の学習を頻繁に測定するところから得られる「必要不可欠なデータ」は最終的には、以下を評価するためのエビデンスとして機能する。[27]

生徒の教育への参加とパフォーマンスの促進というオンライン学習のデータを収集し、潜在的には民間企業の新たな領域への進出を支援する。これはコロナ禍によって亢進しつつあるが、すでにあった著しい教育格差の持続的な解決策として、である。最新の技術という触れ込みにもかかわらず、背景には、すでに教育のみによる貧困の改善は不可能であるという研究の蓄積があるにもかかわらず、教育が貧困を改善するという旧態依然とした発想が横たわっている。そこに技術としての個の内面分析のツールが加わっている。シャマユーは言う。

イノベーションにおいて、どのような「原理」がすでに実際に提示されているか……総覧的監視、ただ見るだけではなく記録化・アーカイブ化すること。それをいつでも有効に引き出し関連づけるためのインデックス化、携帯電話やGPS等のほかの通信機器からのデータの融合、これらを組み合わせた「生活パターン」の分析等々だ。[28]

OECDの枠組みによると「予期せぬ危機によって引き起こされた肯定的な教育的成果」として、技術や革新的なソリューションの導入と学生が自らの学習を管理するための自主性を高めることなど、積極的な機会を追求するOECDの姿勢が見て取れる。個人化のなかで「自主性を高める」ことは、EdTechを通して自発的搾取を導くことにも繋がる。

コロナ禍の教育は、未来を見通した教育計画の入口ということになる。OECDの野望は「デジタル経済」のための「人的資本」の構築に焦点を当てている。これはあからさまに政治的なプロジェクトだと指摘されている。[29]

4. 脱個人化という地平

本章で見てきたように、EdTechという技術が個人化を導き、コロナ禍に教育状況で著しく進展したのは、第一に「個別化し包摂する統治」という政治経済的・官民連携プロジェクトとも言えよう。第二に、個人化された「自律的労働が、きわめて高次の自発的搾取と重なっている[30]」という点も強調しておきたい。

米ジョンズ・ホプキンス大学のまとめによると、新型コロナウイルス感染症での二〇二〇年の死者は一八〇〇万人を超えたが、それ以外に毎年二〇〇万もの人たちが動物から人への感染症で亡くなっている。そのほとんどが低所得、中間所得層の人だ。

コロナに関する報道は感染者数に重心が置かれているが、杉村昌昭によれば、「もっとも重大な要因は、この数十年間、新自由主義の緊縮財政政策によって公共サービスや福祉政策の衰退、医療環境とりわけ病院体制の脆弱化が進行していたことである[31]。」

もう一つは、「格差社会の深化によって劣悪な生活環境の地域が改善されないまま放置されていたことである。」コロナの犠牲者に低所得層の人々や移民の比率が高いのは、コロナ禍が単に病理的な要因によるものではなく、政治的・社会的原因によるものであることを示す。杉村は、変えねばならないのは自然破壊をよしとする「資本主義的生活様式」であるという。

EdTechは各国政府からニーズがあり、教育の民営化と商業化を著しく進展させた。世界の公共的機関も積極的に参与している。それは、生徒のオンライン学習のデータを収集し、民間企業の新たな領域への進出を支援している。背景には、教育が貧困を改善するという発想が横たわり、そこに技術としての個の内面分析のツールが加わり、生活パターンまでも分析してゆく。

OECDは肯定的な教育的成果として、技術や革新的なソリューションの導入と学生が自らの学習を管理するための自主性を高めることなど、積極的な機会を追求する。個人化のなかで「自主性を高める」ことは、EdTechを通して自発的搾取を導くことにも繋がる。

これらのリスクは、「デジタル経済」のための「人的資本」の構築に焦点が当てられ、政治的なプロジェクトとされているが、この基盤は資本主義の論理なのである。

終章　希望のありか——「存在承認」というアナキズム

「各人はその能力に応じて、各人にはその必要に応じて」という原理から出発すると、個人的所有権または私的所有権の問題、そしてより直接的かつ実践的である、だれがどのような条件でなにを入手しうるのかという問題を無視することが可能になる。

デヴィッド・グレーバー
『負債論』二〇一六年

子どもや私たちの困難の解決は、その後の「支援」や「居場所」という方向に集中している。「カウンセリング」や「癒し」、「ケア」といった具合だ。確かに、心身がとても不安定な状況に落とし込まれたとき、傍に居て支えてくれる存在は必要だ。一方で、貧困や自死というたいへんな状況をつくりだしている原因、その歴史や政治は、人々に積極的に忘れられ問題とされにくい。教育や子どもの分野でも、その傾向は著しい。一九世紀の「慈善」のスタイルにも重なり、福祉国家の解体と国家責任の後退の末に、再来した社会教化事業を行う地域拠点というセツルメントとしての「地域福祉」も台頭してきている。

一九六八年の学生・労働運動は、個人を抑圧する集団や組織からの解放を目指し、個人のアイデンティティの尊重と自己決定権の強化を目指した。それは、リベラルの母胎となったといわれる。[1] 社民政党は、経済的な再配分と中間層の保護を存在理由としていたが、一九九〇年代には各国で左派がリベラルへ転じた。一方で、学生運動でも、それ以降でも、解放をめざしつつ、個人の尊重や自己決定権のリベラル思想に回収されない人々もいた。たとえば、一九七〇年代日本では、養護学校義務化への反対運動や、釜ヶ崎の運動などに未来を展望しうる自立からの解放思想があった。

個人の努力や能力によって乗り越えるという自立原理、能力主義は人々を他者化させ、自己憎悪を導き無力化させる。抑圧者に対して自発的に隷従することにもなる。「能力」の原理をベースに配分を計画するという近代国家の道筋の中で、貧困や格差の拡大、それにまつわる問題が露出するようになった。

能力主義それ自体に対して、多くの研究者は肯定的ではないだろう。しかし、能力の原理（メリトクラシー）や人的資本論、また教育機会の議論に関してはどうだろう。機会の保障が前提と、不利な環境に置かれた子どもを学習支援するという方法は、能力の原理を背景にしていないのだろうか。

「進歩」を「能力主義と重ね合わせることで、これらの用語は、勝者がひとり勝ちする企業ヒエラルキーの撤廃ではなく、そのような序列の中で『有能な』女性やマイノリティ、同性愛者のエリートが一握りでも増えることを、『解放』と同一視した」とフレイザーは指摘する。[2] 同様に、発達や成長概念が現在の社会配分メカニズムにおいて能力主義と重なることに私たちは自覚的であろうか。

日本教育社会学会会長でもあった藤田英典は『教育改革』で次のように述べた。中等教育の「編成の仕方を左右する中軸原則が『効率』と『平等』という価値である。学校教育は前段階の教育の内容を習得したことを条件に進級・進学するシステムになっているから、『効率＝能力主義』がその編成の中軸原則になるのは構造的必然である。また、その編成の仕方によって人びとの教育機会、進路選択の機会が左右されるから、『平等』もまた中軸原則として重視されることになる。[3]」

藤田は能力主義を「構造的必然」とし、教育と経済の「つながり」を深刻には捉えず、平等原理を前提にした。「機会の平等」という個人化問題である。

問いの立てられ方により、問題の見え方は異なる。ここでは、能力主義は問題化されておらず、個人化という問題も見えてこない。

時代のデフォルトは「個人で生き延びろ」（個人化）である。子どもの貧困問題についても、解決の方法として「学習支援」が注目されたため、子どもの将来に大きく関わっている雇用や深刻な不平等の改善という争点は周縁化され、脱政治化されてきた。現代の市民社会において、人々の生存の軋轢は未解決のまま取り残されている。

困窮している子どもや市民は「支援」を必要とするというのが、暗黙の前提とされている。生きづらさを「支援」によって和らげるとか、孤立しがちな人々の絆を「支援」で支えるといった介入手段として、「支援」というキーワードは資本の再編成に利用されている。

終章では、「個人化」を支援の論理とする時代に至ったプロセスを、資本主義批判を前提としたフーコーの論理を中心に整理する。その上で、別の世界を考えるための希望のありかを探そうとする。

二〇一一年、「反富裕」デモでウォール街を占拠したオキュパイ運動で有名になったスローガンは「われわれは九九％」だった。あからさまになった富裕層とそれ以外の人々との格差は、資本主義における資本の運動が、金融資本主義に移行するなかで、著しい余剰による財を蓄積することからくる。ミシェル・フーコーは一連の講義のなかで、一九七〇年代後半に、経済成長を導く資本の形成である資本蓄積をそもそも可能にする「過程」を詳細に解明しようとした。

「私だってマルクスの概念や言葉や原文はしょっちゅう引用してるんです……今の時代に歴史をやるには、直接的であれ間接的であれマルクス思想につながる概念を全く使わないでやるとか、彼が説明を与え定義づけた視野に立たずしてやるなんてことは不可能です。[4]」フーコーはこのように、自分の研究でマルクスを尊重した。

「規律権力論は、資本蓄積の帰結ないし効果としてのイデオロギーではなく、資本蓄積をそもそも可能にする次元を問い、その過程を詳細に解明することで、『資本論』をある意味では補完しているのです[5]」。酒井隆史は、フーコー自身はマルクスの補完的な役割を担ってもよいと考えていたと述べている。

1. 参照軸としてのフーコー

フーコーは、一九七五年以降の理論のなかで「個人化」や「主体化」を自分自身が内面化した「権力」によって呼び起こされたものとして、ここでの「主体」を「自ら律すること」とした[6]。

『監獄の誕生』（一九七五年）では、パノプティコンと呼ばれる一望監視システムをはじめとした監獄の様々な制度に関する歴史を通して、近代社会における「規律・訓練」の働きを明らかにした。「規律・訓練」とは身体の動きを注意深く管理することを可能にし、身体の力の恒常的な主体化・従属化を保障し、身体に従順さと有用さの結びつきを課す方法である[7]。フーコーは、監獄のシステムを閉じ込めて矯正し従順化を行うことで、社会的に見だされるメカニズムのすべてを、強化しながらも再生産しているにすぎないとし[8]、「主体」を作り出すために自己のなかで内面化される権力を「規律権力（pouvoir disciplinaire）」と呼んだ。

一九七五年以降、フーコーはこれまでのように権力概念の分析としての「系譜学」を用いながら、今度は「主体」を作り出す「権力」の働きを辿りはじめた。かつての君主権的な権力は、人々の命を奪うか否かの選択を行うときに限り、「生」に対し自らが保持する権利を行使した[9]。やがて、人間における様々な力を増大させるために「生を運営し、増大させ、増殖させて、生に対する厳密な管理と相対的な調整を行おうと企てる[10]」権力が登場し、人々を殺して罰するのではなく、生かして管理する行使の方法を手に入れた。

これを「生権力」と言い、フーコーは講義集成『社会は防衛しなければならない』で「多数の人間が、監視され調教され、利用され、場合によって罰せられるべき個々の身体となりうる、なるべき場合には、規律がこの多数の人間を管理しようとします[11]」と述べた。

「生」に対して積極的に働きかけを行うものとして出現したこの権力は、二つの主要な形態に発展した。一つは、既に述べてきたように身体を調教して従順かつ有用なものへと作り変え、その力を強奪して効果的な管理システムに組み込もうとする「規律権力」を指す。「生権力」が働くことで、人々は異質であるものを排除するようになる。

二つ目は「生政治」である。「生政治」は個々の身体ではなく、生物学的法則によって貫かれている人間集団といった意味での「人口（population）」を標的としており、「人間を単なる身体としてとらえるのではなく、その反対に、多数の人間を生命に固有のプロセスの全体、つまり誕生とか死とか生産とか病気などのプロセスを備えた大きな塊として捉える[12]」。

一八世紀後半から一九世紀初頭にかけて、「規律権力」によって従順かつ有用なものへと作り変えられ、管理システムのなかに組み込まれていた人々の身に、「老い」すなわち能力や活動が領域の外へとこぼれ落ちてしまう個人が現れた。これによって、出生率や死亡率、平均寿命といったものが多くの経済的・政治的問題と結びつきはじめたことから、「生政治」は「人口」をコントロールするために、これらのデータに介入し、データを管理することによってさらに人々の身体と心を管理することを容易にした。ここに権力が生じ、データを基準にしながら多くの人々を社会の規律に従わせることで、「生権力」をより活発化する仕組みとして、フーコーはこれを「統治性」とした[13]。

2．リベラリズムの政治経済学

(1) リベラリズムの問題

再開した七七年度講義では、「人口」に更なる焦点を当てた探求が展開された。保険や貯蓄、保障のような「より繊細でより合理的なメカニズム[14]」の存在を、こうした現象に対する予防や管理を伴った「生権力」として明らかにした。フーコーは「人口」と「調整」のメカニズムを問うなかで、「身体の従属化」と「人口管理」のために形成される技術や具体的装置を見出し、これを「安全(sécurité)」と表現した。

フーコーは、「安全」という概念を懐疑的・象徴的に用いている。ここでいう「安全」とは、出来事などの諸要素に応じて環境を整備しようとするものであり、その関係性については、「主権は領土の境界内で行使され、規律は諸個人の身体に行使され、そして最後に安全は人口全体に行使される[15]」という。

講義集成『安全・領土・人口』(七七年度)では、これらが作用する運動の一つとして「経済を現実に関わる特有の領域として取り出し、政治経済学を学として、またこの現実に関わる領域において統治が用いる介入の技術として取り出す運動」[16]が挙げられている。

「安全」とは、何らかの帰属に基づいて法的権利として国家に作り出されるものというよりは、新たな国家理性がそれに従って構成される計算の前提である。ここにリベラリズムが見出される。フーコーにとって近代とは、政治経済学の成立にある。市場の発見、国民国家の成立とともに誕生し、発展してゆく知の体系である「政治経済学という統治思想」における自由主義（リベラリズム）を前川真行は説明する[17]。

政治経済学の掲げる自由主義は一般の利益、全体の合目的性の追求という枠内において、まさにそのためにこそ、政治権力の介入を制限し、その内側から統治思想を新たに編成し直す試みとなる。自由とは、この場合、何らかの帰属に基づいて法的権利として国家によって作り出されるものというよりは、新たな国家理性がそれに従って構成される計算の前提なのであり、それゆえにこの自由こそが過剰な統治＝政府からの保護の対象となるのである。

この「自由主義」＝リベラリズム思想の広がりは経済的自由も同様に広げた。そのなかで蓄積された資本は、社会政策や税を通じて新旧の中間層に富を分配し、資本主義に統合していくものであり、リベラリズムは資本主義と結びつくものであった。

資本制社会の稼働の前提には、富裕者の余剰財産があり、その上で余剰を他に回すというトリクルダウン理論が用いられる。再分配の論理である。もう一つの論理の前提として「自立」がある。すべての人は「独立」していて「人身を自分がふさわしいと思うままに支配する」[18]。つまり「個人が自分で努力して働く」ということがその基盤となっている。そのため、リベラリズムでは、再分配は政府の役割と考えられ、「個人が努力して働く」個人化や努力、またそのための「機会の保障」が原理となる。

リベラリズム思想は、個人の努力や能力によって乗り越えるという原理ゆえ、努力できない状況や能力のみで人々の人生が決まってゆく「能力主義」という問題を孕んでいた。その原理をベースに再配分を計画するという近代国家の道筋で、貧困や格差の拡大、それにまつわる問題が露出するようになった。

リベラルな価値とは、個人の自由や権利を重視する立場のことだが、ネオリベラルとは、個人の選択や市場重視の立場を意味し、リベラルの価値を内包することで広がっている。

一九八〇年代には、世界的に「新自由主義（ネオリベラリズム）」が拡大してゆくが、フーコーの七九年講義『生政治の誕生』は、リベラリズムを主なテーマとしている。フーコーによれば、国家による介入という図式に対して異論を唱え、規律とは異なるタイプの介入様式を生み出したのが、リベラリズムの統治である。ここでいう統治は「経済という形で権力を行使する術」という狭い意味のものだ[19]。

リベラリズムとは、たんなる理論ではなく「実践として、つまり持続的な反省によって、諸目標に向かい、みずからを規制する〝ことをなす方法〟である」[20]。その知は、たえず統治の過剰に批判的に介入しながら、同時に統治の輪郭を描いていく。

今日の世界を特徴づけている統治性には、二つの形式があるとフーコーは説明する[21]。一つは、社会政策論である。それは、国家によるさまざまな介入によって市場を枠づけつつも、経済の領域では純粋な競合の論理を主張させる。もう一つは、人的資本論であり、それまでは経済とは関わりがないとみなされていた領域にまで市場の合理性を拡張しようとするものだ。フーコーの統治性という概念は「人口を主要な標的とし、政治経済学を知の主要な形式とし、安全装置を本質的な技術的道具とするあの特有の権力の形式を行使することを可能にする」権力の形成を意味する。また「『統治』と呼べるタイプの権力を主権や規律といった他のあらゆるタイプの権力よりたえず優位に」操導したプロセスを名づけるものとして用いられている[22]。

また、国家のなかに、経済人が登場することで、いかにして両者を和解させるかという問題が生じ、それを解決するために構築されたのが市民社会だという。国家の論理と経済の論理の間をとるのが、市民社会だと位置づけたのである[23]。

リベラリズムの統治における自由は「人やものの動き・移動・流れ・流通の可能性」を指す。人々の相互の交通とそれをとりまく環境からなる社会が、リベラリズムにとって不可欠の要素である。この社会こそが統治可能な領域を形成する。リベラリズムの正義においては、自由を管理する「統治」

によって、個々人の自由が保障されると同時に秩序づけられる[24]。より少なく統治するための術、それがリベラリズムの統治的合理性といわれる。

このリベラリズムを成立させた場としての市民社会こそ、教育・福祉現場や教育政策の舞台である。

(2) ふるまいの統治

「フーコーは『監獄の誕生』(一九七五年)で出した権力論にまったく満足していなかった[25]」。彼は個人の主体がいかにつくられてゆくかという点に注目してきた。フーコーは、権力が他者や自分の「ふるまい」を秩序づける側面に焦点をあわせ、主体が権力のはたらきによって作られることを明らかにしていった。これは『知への意志』(一九七六年)で方法の問題として捉えかえされ、権力を所有へ還元するのではなく、それがいかに作用するかという観点から捉えるという分析手法が示された。権力について、それを戦略として捉え、制度の問題として捉えないというのは、フーコー権力論のエッセンスといわれる[26]。

フーコーは統治をあらためて「ふるまいへのふるまい」と位置づけなおし、所作や態度やものの言い方といったふるまいの統治性を考えた[27]。私たちが日常で当たり前のように行ったり、考えたりする方向性は、外から命じられたものではなく、自らのふるまいを統治する道筋があるという。

支配 - 抵抗というわかりやすいモデルをずらして、自分を統治する秩序づけられた「ふるまい」は、酒井によれば、「いわゆる『解放』とか『蜂起』といった時間の切断の必要な概念で捉えられない、装置の作動の分析そのもの[28]」だ。

これは、現実の私たちの暮らしによく当てはまる。自分のふるまいを無意識に統治することによって「誕生から墓場まで」を取り仕切る「大いなる監禁連続体」が誕生する[29]。


私が権力のメカニズムを考えるときは、その毛細管的な存在形態を考える、つまり権力が個人ひとりひとりの肌にまで到達し、その身体を捕らえ、彼らの所作や態度やものの言い方、さらに学習や日常生活といったものの内に浸透してゆくそのレベルで考えるんです[30]。


フーコーによれば、「資本主義は社会を植民地化しながら生権力化していく[31]」。一八世紀後半からの資本主義を補い、これを統合する管理の技術は、生権力と呼ばれる。生権力は、個人としての身体に向けられるのではなく、集団として、種としての身体に向けられる。人口としてみた出生率、死亡率、寿命などを対象とする技術である。生権力が駆使される分野は人口統計学だけではなく、健康と生にかかわるすべての分野、医学、衛生学、住宅建築学、気象学、保険学などがこの問題に関与してくる。

自分を従わせる権力は、自分自身の中で働き、もっと懸命に、もっと頑張ってと、自らを追い立てる。その過剰さが規律権力として統合されることで「生権力」が労働力を全面展開させ、資本の形成に用いられる。権力行使のあり方を主体形成の問題と結びつけているのである[32]。

第2章で紹介したサンドロ・メッザードラの議論のように、今日の資本主義の特徴は「採掘主義」

に支えられた経済・政治・社会構造である。そこに私たちがどのように結びつけられているかと考察してきた。教育を中心に私たちをとりまく「装置の作動の分析」を行ってきた。複数の学問分野でバラバラに論じられがちで、教育の問題はとりわけつながっていないが、それら問題系を串刺しにすることの重要さを本書では論じてきた。

3．脱個人化

リベラリズムは、個人の持続的な反省によって、目標に向かい、自らを規制する思想となっている。リベラリズムはそれ自体が個人化を基盤とし、そこで、自らを監視する規律権力を作り出す場として仕事や教育を通して機能している。それはますます純化され、一九七〇年代前後からのネオリベラリズム（新自由主義）につながっている。

リベラリズムの社会では、人間の生産力や労働力や諸能力が開発され、育成され、個人化され、組織化される。

ウルリッヒ・ベックによれば、「今や個人は、社会的に生み出された問題への解決策を個人で見つけるという、実現することが不可能な作業を課せられている」。日常生活が不安定なものになり、個人は「常にスタンバイ（待機中）の状態」に追い込まれている。そして、予測可能な収入、貯蓄、安定した「職業」はすべて過去の時代のものになった[33]。

ジグムント・バウマンによれば、個人化とは、不確実な存在の諸問題に対応するために、個人自らがその問題に対応するにはあまりに不十分であるにもかかわらず、「肩代わりさせること」につながるような状態のことだ[34]。自分の存在が不確実な状況にあることによって生まれる問題、それに対処することを、個人が自分自身でなんとかすること、ともいえる。彼は「移民問題のヨーロッパ化」の実態をとりあげ、その根本原因である貧困問題を無視した移民問題の「治安問題化」であるとして、個人化をめぐる状況も含めて分析している[35]。

バウマンは、次のようにも言う。「『業績主義社会』は何より個人の業績の社会であり、『冒険的な個人主義文化』の社会で国家の退場によって見捨てられた個人にとって『個人化』とは、火にかけられているフライパンを飛び越えるような、生存条件の新たな不安定化の兆しに他ならない[36]。」社会のなかで、業績を求める者になり、自己責任に苛まれている人々は、一方では「自律的で強い意志を持って」「絶えず自己改良に努める」ものと期待され、他方では、そうした課題の大きさに見合うだけの資源がないという事態に直面しており……今にも発症しそうなうつ病からの救済を訴える以外、ほとんど選択肢がない[37]。

「個人化」と「業績主義」に基づく社会へと移行した結果、あらゆる問題処理は個人に任せられることになり、社会に見放されて孤立した個人が不安や恐怖心に飲み込まれている[38]。

業績重視の資本主義社会で求められるふるまいは、自らのふるまいを監視してゆくのだが、その規律権力によって人々は自ら排除され、自発的に搾取され、剥奪感を抱くことになる。

本章では、フーコーを参照軸にして、リベラリズムにおける統治のプロセスを整理してきた。私たちは、リベラル的合理性による世界形成を受け入れ、それとともにリベラルな感性をもち、その統治術の一環としての主体化を通して形成されているのである[39]。

4．別の世界がある──グレーバーの贈り物

（1）「存在承認」という配分構想

フィリピン研究者の日下渉は、犯罪社会学者のジョック・ヤングを援用し、「犯罪の増加は、スラムの貧困層が、成功を称揚する資本主義の主流文化に過剰なまでに包摂されており、文化的包摂と社会経済的排除を同時に経験することで深刻な相対的剥奪感を抱いているためだ[40]」としている。

さて、マルクスがジャーナリストの時代に、リベラル左派からソーシャリストに政治的立場を転換したことには、きっかけがある。それまでは慣習的共同所有のもとにあった森林からの木材の伐採が、私的財産権の確立と強化にともなって犯罪とされ、それによって多くの民衆が犯罪者となるという出来事だ。資本制生産様式の拡大は「市民的所有秩序」の浸透にともない、民衆のそれまでの慣行の大規模な犯罪化をともなっていた。フーコーもまた「規律化」の動因となったのは、このいままでは許しがたいものとして浮上してきた、民衆的犯罪であると位置づけ直す[41]。

パノプティコン（一望監視システム）はサミュエル・ベンサムの発明とのことだが、彼が働く造船所で労働者たちの職場の横領が広がっていた。それを食い止め、「市民的所有」にもとづく秩序を形成するために、彼は常時監視可能な巨大塔を中央に建設することを思いついたという。[42] リベラリズムの市民的所有や市民的権利は、何かを壊して成立している。

近代において、教育政策は経済界優先の過剰な暮らし方に加担し、グローバル人材養成政策を作り個人の能力を伸ばし、ついにタブレットを用いた「個別最適化」に到達した。日本が辿り着いたのは緊張して伸びやかに話せず、自分で自分を個別に監視する人々が量産された社会であった。

筆者は、現在の社会を覆う能力主義である「業績承認」が、社会の仕事や資源の配分につながっていることを問題としてきた。そして、子どものおかれている状況や彼らをとりまく大人たちのどこにその課題があるかを考えてきた。毅然とした指導や学力向上一辺倒の考え方や施策が逆効果になっていると説明してきた。

しかしいまも「逸脱」傾向のある生徒たちを監視している学校がある。同様に、高齢者に徘徊しないよう言い聞かせ、見張るしくみもなかなかに暴力的だ。街は、逸脱的な生徒や徘徊者といった「異質」を排除することで、人をひきこもらせ「不審者」もつくる。個人の心構えではなく、衣食住に心配せずに暮らさせ、異質な人々が生き合える街には、すべての人々への未来がある。監視カメラに覆われた街を作るよりも、「安心して徘徊できる街」である方が、ずっとその街の質は高い。監視で互いを分断しあうのではなく、「存在承認」に支えられた街は、第一章で述べた「異常」が許される状態に結ばれ、互いが抱える問題を分かつからだ。

個人化としての業績承認の限界から「存在承認」という概念を考えた時、承認の価値が「業績的なるもの」ではないことがポイントとなる。「共同的なものを基底に、自分を自分で承認しうる所得配分を前提にした状態」が必要ということである。存在承認とは、すべての人が自分で自分を認める、そうなれる配分の社会経済的な構想である。共同的なものでしかありえない、個人化されていない存在のあり方である。

資本主義システムにおける近代の原理は、個人が力をつけるということであるから、その論理を破壊するために機能するのは、暴走する資本主義をリードする個人「化」を止めることだ。政策実態も能力主義と貧困問題を無視した個人化と統治性を支える経済と社会に即しているという問題である。

私たちは、自分たちが常識としてきた発想を新しくすることを求められている。労働を中心にしている社会も「自分で稼いで、自分で満たす」概念から自由になり、能力は分かちもたれたもの、経済的個人化からの卒業、すなわち非資本主義的生活様式による社会を構想しようとすることができる。

新しいしくみを構築するのではなくむしろ、現在の個人化を形作るしくみや制度を「脱構築」することが必要だ。自己が抱えざるをえない葛藤やさまざまな常識を解体し、生存の自由を確認することだ。個がむき出しになり、能力で闘えといわれる競争社会では、おのずと他者を排除する力が強くなる。だから、個に分断されないように、能力で闘えといわれないように、自責のメカニズムを毎日解体し合おう。そこに、不利な子どもや大人が生み出され続けることにストップをかける道がある。能力が個人のものではなく、いつも共同ではたらいていて、競争をしなくても必要に応じて分かち合う論理こそ、現代社会システムの稼働に対して、大きな痛手となるだろう。それは資本主義社会に対する破壊的な論理だからである。いわば、アナキズムのようなもので教育や福祉や世界を包囲するのである。

自由とは近代的個人を前提とした自由を意味するのではなく、近代的原理とは異なるアナキズム＝日常に横たわる当たり前の関係の自由でもある。最後にとりあげるデヴィッド・グレーバーは、アナキズムとは基本的に「人類普遍の原理」であって、いたるところに見出されるものとした。

(2) カメラのように思想を使う。共同的に。

本書の問題意識は、以下にあった。

ゆっくり過ごしたいが、そのためには暮らしをまかなうお金が必要だ。けれど、世界ではその財の分け方がいちじるしく不平等だし、それが加速されているものだから、過剰に勉強して、過剰に働くという暮らし方が一般的になっている。ゆっくり過ごすことを真剣に考えると、財の配分や、それを支える知の配分の不条理、個人で働いてまかなうというリベラリズム、その暴力を考えざるを得なくなってしまう。

文化人類学者のデヴィッド・グレーバーは、柔軟でラディカルな考え方の道筋を私たちに残し、二〇二〇年九月二日に五九歳で急逝した。最後に彼からの贈り物を紹介したい。

グレーバーによれば、「『各人はその能力に応じて、各人にはその必要に応じて』という原理から出発すると、個人的所有権または私的所有権の問題、そしてより直接的かつ実践的である、だれがどのような条件でなにを入手しうるのかという問題を無視することが可能になる。[43]」すでに（第8章で）論じたこの原理を用いると、所有をめぐるさまざまな過剰から解放される。この原理は「社会的平和の究極的実体であるわたしたちの根本的相互承認であると考えることができる。[44]」

彼は、考える前提がラディカルだ。

「『資本主義システム』の論理的一貫した存在は大前提として、そこから現実に切り込んでいく態度と、そうしたシステムの存在を自明の前提とせず、人びとがいま現実になにをやっているのかといったところから現代世界のありようをつきとめようとする態度のちがい[45]」。資本主義のシステムを前提にものを考えるのではなく、今、現実に何をしていて、どう生きているのかから、ものを考えよう。彼は、マルクスを補うものとしてマルセル・モースを導入する。モースの議論は、変革の鍵を理論においてのみならず「『現在』の『巷』において示している[46]」。

グレーバーは、狭い常識から軽やかに抜け出して、さまざまな文化から新鮮な知見を提示する文化人類学者であった。彼の『負債論』では、「義務と負債をべつの概念とわきまえておくことが本書の読解には欠くことができない[47]」とされる。たとえば、子どもの権利の議論では、権利と義務は裏表だという保守的な概念は簡単にひっくり返されることになる。

「資本主義の浸透は、この民衆生活に根づき支えていた信用経済の解体、硬貨と新たな地金中心の経済体制において再編された非人格的信用によってみちびかれる。[48]」資本主義の浸透によって、人間のあいだの信用が失われ、官僚的、つまり暴力的な仕事が増え、人々は過剰になっていったのである。

グレーバーは、フーコーとは対照的に「権力」を捉える。フーコーは「権力と知」という問題の立て方をするが、グレーバーはいつも権力と「無知」が関連しているとして、権力と暴力を一体のものとして考える。というのも、暴力はいつも「知」なしに人を支配する力をもっているからだという。

一九六八年五月、すでに述べたパリの若者の反乱では「官僚制的権威を、人間の精神、創造性、共生（コンヴィヴィアリティ）、想像力を、根本的に封殺するものとみなしていた。ソルボンヌ大学の壁に描かれていた、『すべての権力を想像力へ』という有名なスローガンは、それ以来、わたしたちにとり憑いている[49]」。

ここにきて、私たちをとりまく過剰の正体が、かなり明らかになったように思われる。既得権益層のエスタブリッシュメントと国家による成長主義が私たちの過剰を作り、私たちも自主的に加担している。それでは、ここことは異なる別の世界の可能性のために、私たちはいったいどうすればいいのだろう。

たとえば、連帯経済がある。筆者は、生活協同組合（以下、生協）の経験から、地球共有資源の分かち合い志向が、資本制社会の「自立」概念への対抗であることを記した[50]。

数ある日本の生協の中でも、商業主義から身を離し「協同の可能性」について運動を展開してきた生協が「陣地戦（グラムシ）を続けてきた」生活クラブである。コロナ禍の中、組合員が増え、ワーカーズコレクティブを含めた思想を深めようとしている。

生活クラブの職員が食材を配達してくれるときに筆者とこんなやりとりがあった。

職員「梨が余っていて、生産者さんを助けてもらえませんか？」

筆者「もちろん。ただ『助ける』はおかしいな。生産者さんと一緒に（運動を）してるんだから。」

職員「そうなんです。でも、そこがほとんど理解されていないんです。」

生協は、生産者と共に「政治から自立的」に日々の食材や介護などの営みを作り出す社会連帯経済というアソシエーションだ。

そもそも生協は、社会変革を目指したロバート・オーエンの共同体思想からスタートし、一八四四年「ロッチデール公正先駆者組合」では、「剰余は購買高に比例して配分する」という原則を取り入れた。「必要に応じて」を現実に実践しようとすると、この原則を問うことになる。存在承認の配分構想である。すでに、「共働・社会的事業所の7原則」として「必要経費等以外の純利益を、それぞれの生活の実態と状況にあわせて分配する分配金『制度』」が提案されている。[51]

また、グローバル資本に対抗して、八〇年代から日本でも、世界の生産者と直結したフェアトレードが行われている。生協運動にも、これまで培ってきた生産者と消費者を結ぶ「ローカル・ロジスティクス」の可能性がある。そのためには、生産者と消費者が一緒に運動しているという論理を人々に理解してもらう必要がある。衣食住がローカル・ロジスティクスで確保できたならば、もはや能力主義は無用だ。ただ、未来のわかりやすい設計図は、誰かがどうぞと与えてくれるわけではない。

一般的に社会通念――現在の経済・政治システムこそが唯一可能なものであるという常識――を疑うと、それに対しては最初に、ではどのようにオルタナティヴなシステムが機能するのかについて詳細な設計図を要求されるだろう。次に、どのようにしてこのシステムを現実化していくのか、詳細な計画表を要求されるかもしれない。歴史的に見れば、これは馬鹿げたことである。社会的変革が誰かの青写真に沿って起こるなどということが、これまであっただろうか。[52]

本書で考えてきた、個人に還元されない政治経済的な問題把握の視点、これこそが設計図をつくる上で何より重要だ。新しい装いをした社会的搾取構造に私たちがいかに結びつけられているかを知るところに、まず希望のありかがある。一人でも多くの人々がその思想を獲得しようとしているかどうかによって、私たちの未来は変わるだろう。その新鮮な思想をカメラのように一緒に使おう。そのためにこそ、本書は書かれている。

私たちが対峙しなければならない課題は、資本が労働者・市民の搾取自体を可能にしている条件とは何かを焦点化することだ。権力を想像力に変え、「各人はその能力に応じて、各人にはその必要に応じて」の日常で用いている原理を取り戻しながら、私たちの世界に広げるということであろう。

自己責任に矮小化される時代を暴き、弱くされている人々とも分かちあえるような形で、社会が不公正であることを届けよう。努力が足りないといって人々に機会をあてがう「支援」ばかりでは、厳しい状況を再生産するばかりで問題の改善に結びつかない。

個人に還元されない政治経済的な問題を摑むために、私たちには、市民社会がおとなしく承認している経済原理「能力に応じて」を問い直すことが求められている。人々へのモノや財の配分を左右する制度的平等の承認原理が、業績承認＝能力主義と重なっていることを認識した上で、自由で平等な社会への書き換えの覚え書として、本書を送り出したい。

あとがき

今年度からオンブズパーソンに復帰し、子どもから話を聞かせてもらい、学校や地域に出向いていています。現場や政策は方向を見失い悲惨なことになっています。パンドラの箱から邪悪が飛び出し続ける状況に対し、個別救済を制度改善につなぐ尼崎市のオンブズは、課題整理の視点を充実させ頼もしいチームです。一方で、それらの活動も現状を補完するリスクがあり、「資本主義と教育」の暴力的な連携を問う仕事は私にとって必然でした。「学力格差を克服する」といっている場合ではありません。

フーコーにマルクス、フレイザー、メッザードラにグレーバー、岡村達雄に尾崎ムゲン、酒井隆史、他にも存在から経済活動を問う多くの優れた研究者がいます。彼らの視点を通して研究を重ねると、現代の私たちの困難の正体がどこにあるのかは一目瞭然です。それらを教育やケアの現場につないだ分析を、それぞれの方法で活かし合ってほしい。そんな思いで本書は書かれました。

二〇二〇年に『自立へ追い立てられる社会』を上梓した社会配分研究会は、主に関西以西の研究者と現場労働者の集まりで、私の基盤となる思想集団ですが、そんな現実に対する原理的な研究会を首都圏にもとのことで、社会配分研の東京バージョンが生まれました。政治学、社会学、社会福祉学、教育学の研究をしているそのメンバーが最終稿を読み、指摘や提案をしてくれました。

また、教育学研究だけ、社会福祉学研究だけでは切迫する状況に対応できないという危機感から、経済や政治思想を学んで本格的に考えなければと思うようになりました。そこで、大阪市立大学経済研究科教員を中心とした政治経済研究会に発足と同時に加えてもらい、社会経済思想と結んで研究をしてきました。

そのあいだにも、拙稿を読んだり話を聞いてくださった人たちがあちこちで立ち上がり、その小さな集まりがさらにつながっていくという事態に出会っています。

講演を聞くというよりむしろ一緒に考えることを重ねてほしいとの私の提案を受け、二〇二一年春、感染症対策を行いつつ、桜井ゼミを卒業した教員たちを中心に兵庫県西宮市でゼミが始まりました。行政職員も市民も集うこの社会人ゼミでは、学校の実践に鋭く突っ込む私をきっかけに、議論に火がつきます。参加した神戸市の教員が神戸ゼミを始めます。関西学院大学子どもセンターでも地元リーダーたちとゼミをスタートさせます。それぞれのゼミで、思想家たちの議論をつなぎ、私はツッコミ担当です。院生たちも参加し、現場のリアルを学んでいて、現役世代の熱い展開には驚くばかりです。

サポートに徹してくれた編集者の武居さんは本づくりの終盤には、友人で編集者の伊藤書佳さんと二人で、ときに私抜きで話し合い、見事な共同性を見せてくれました。私は、本づくりは能力の共同性そのものと思ったのでした。

個人化を問う「能力の共同性」と、資本主義を問う「存在承認」が、本書の未来に向けたキーワードとなっています。本書では、能力の共同性を新しく定義しなおし、「能力とは、分かちもたれて現れたものであり、それゆえその力は関係的であり共同のものであり、能力は個に還元できない」ものだと打ち出しました。多様な人々が力を合わせるという意味合いとは異なり、個に還元できない能力論です。「依存先を増やす」というような個人化された共同性は、いともたやすくネオリベラリズムに利用されるからです。「存在承認」は、あなたの存在を認めるよといった承認論ではないことを明確にしました。「共同的なものを基底に、自分を自分で承認しうる所得配分を前提にした状況」と整理をしました。

子育ては刺激に満ち、たくさんの感動のシーンをもたらしてくれますが、一方で、幼い子どもをケアする親たちは自分の身体と心をすり減らしながら毎日を送ります。子育ては社会共同的な営みそのものですが、現代では個人化され、親の責任に自らも内閉させられています。親の「癒し」や「子育て相談」を超えて、共同性のとらえかえしが求められます。子どもの将来をあれこれ心配し、せっかくの現在を楽しむことが難しくさせられる親たちに、存在承認に裏づけられた能力の共同性が必要です。つまり、生きていくための所得分配がフェアで、それぞれが自由に生き合うという別の世界をめざす作戦です。

パンドラの箱に最後に残ったものは希望、で物語は終わっています。その希望を外の世界へ、然と千尋、香幸さんたちを含むすべての人々の未来に向けて。ここまでお付き合い頂き、本当にありがとうございました。

二〇二一年八月

桜井 智恵子

注

序章

1 酒井隆史『完全版 自由論 —— 現在性の系譜学』河出文庫、二〇一九年、五五七頁。
2 ミシェル・フーコー『監獄の誕生 —— 監視と処罰』新潮社、一九七七年、二〇四〜二〇五頁。
3 ハンナ・アーレント『過去と未来の間 —— 政治思想への8試論』みすず書房、一九九五年、二三八頁。
4 アンソニー・ギデンズ『第三の道 —— 効率と公正の新たな同盟』日本経済新聞出版社、一九九九年、一九六〜一九七頁。
5 尾崎ムゲン「歴史のなかの学校」尾崎ムゲン・岡村達雄編『学校という交差点』インパクト出版、一九九四年。
6 田中拓道『リベラルとは何か —— 17世紀の自由主義から現代日本まで』中公新書、二〇二〇年、五頁。
7 ジョック・ヤング、木下ちがや・中村好孝・丸山真央訳『後期近代の眩暈 —— 排除から過剰包摂へ』青土社、二〇〇八年、二一二頁。
8 同右、四〇二頁。
9 シンジア・アルッザ、ティティ・バタチャーリヤ、ナンシー・フレイザー『99%のためのフェミニズム宣言』人文書院、二〇二〇年、二七頁。
10 同右、七〇頁。
11 同右、三一頁。
12 同右、二八頁。
13 重田園江『統治の抗争史 —— フーコー講義1978‐79』勁草書房、二〇一八年、四八〇頁。

第1章

1 森毅「不健康のままで生きさせて」『はみだし数学のすすめ —— 人生、チャンスは二度ある』一九九四年、講談社+α文庫、一四一頁。

2　村田一昭「児童相談所からみた子どもの虐待の現状と課題」日本教育政策学会第9回大会報告、二〇〇二年。
3　「令和元年度公立学校教職員の人事行政状況調査について」文部科学省。
4　森毅、前掲書。
5　共同通信社編『ルポ　私たちが生きた平成』岩波書店、二〇一九年、六九頁。
6　「指導力不足教員」問題研究委員会報告『「指導力不足教員」制度――その実態と問題点』国民教育文化総合研究所、二〇〇六年。
7　桜井智恵子『市民社会の家庭教育』信山社、二〇〇五年。
8　矢定洋一郎『学校ぎらいのヤサ先生　連戦連笑――ホントに愉快なことは、これからサ?』績文堂出版、二〇一一年、三二五頁。
9　イヴァン・イリイチ『オルターナティヴズ――制度変革の提唱』尾崎浩訳、新評論、一九八五年、一五八頁。
10　イヴァン・イリイチ『コンヴィヴィアリティのための道具』渡辺京二・渡辺梨佐訳、ちくま学芸文庫、二〇一五年、一二～一三頁。
11　イヴァン・イリッチ「貧困の現代化」梅田卓夫ら『高校生のための批評入門』ちくま学芸文庫、二〇一二年、七〇～七一頁。

第2章

1　法務総合研究所『研究部報告50　無差別殺傷事犯に関する研究』二〇一三年。
2　アルノ・グリューン『私は戦争のない世界を望む』村椿嘉信、松田眞理子共訳、ヨベル、一五一～一五二頁。
3　小沢牧子×桜井智恵子対談「子どもを『支援』するということ」『教育と文化』第八五号、教育文化総合研究所、二〇一六年。
4　酒井隆史『完全版　自由論――現在性の系譜学』前掲書、四五頁。
5　水島治郎『反転する福祉国家――オランダモデルの光と影』岩波書店、二〇一二年、一九四・一九七頁。
6　宮寺晃夫『教育の分配論――公正な能力開発とは何か』勁草書房、二〇〇六年、一二二頁。

7　桜井啓太『〈自立支援〉の社会保障を問う――生活保護・最低賃金・ワーキングプア』法律文化社、二〇一七年。
8　ジョック・ヤング『後期近代の眩暈――排除から過剰包摂へ』木下ちがや・中村好孝・丸山真央訳、青土社、二〇〇八年、四〇二頁。
9　「グローバル化　日本の進むべき道は」朝日新聞、二〇一〇年一月一〇日。
10　レナト・コンスタンティーノ編『日本の役割――東南アジア六カ国からの直言』津田守・奥野知秀監訳、刊行社、一九九二年。
11　第八〇回国会　衆議院　外務委員会多国籍企業等国際経済に関する小委員会　第二号　昭和五二年五月二六日。
12　山田経三「戒厳令下の日比協力――マルコス体制支える川鉄進出」『エコノミスト』第五五巻二〇号、毎日新聞出版、一九七七年五月一七日、三〇～三三頁。
13　サンドロ・メッザードラ「ロジスティクスと採掘主義、あるいは『釜ヶ崎＝地中海的な空間』をめぐって」インタビュー聞き手・訳＝原口剛・北川眞也『思想』一一六二号、岩波書店、二〇二一年二月、一一四頁。
14　北川眞也・箱田徹「採掘－採取、ロジスティクス――現代資本主義批判のために」『思想』前掲書、一四頁。
15　サンドロ・メッザードラ、前掲書、一〇五頁。
16　ハンナ・アレント『人間の条件』志水速雄訳、ちくま学芸文庫、一九九四年、八七頁。

第3章

1　酒井隆史『完全版　自由論――現在性の系譜学』前掲書、五二六頁。
2　Washington Consensusは、ワシントンのシンクタンク国際経済研究所（ＩＩＥ）の研究員で国際経済学者のジョン・ウィリアムソンが一九八九年に発表した論文の中で定式化した経済用語。この用語は元来、八〇年代を通じて先進諸国の金融機関と国際通貨基金（ＩＭＦ）、世界銀行を動揺させた途上国累積債務問題との取り組みにおいて、「最大公約数」（ウィリアムソン）と呼べる以下の一〇項目の政策を抽出し、列記したものであった。
1．財政赤字の是正　2．補助金カットなど財政支出の変更　3．税制改革　4．金利の自由化　5．競争力ある為替レート　6．貿易の自由化　7．直接投資の受け入れ促進　8．国営企業の民営化　9．規制緩和　10．所有権法の確立

3 桜井智恵子「『卒・個人モデル』インクルーシブな成熟社会へ――何が分断・競争を進めたか」『季刊福祉労働』一三八号、二〇一三年三月。
4 田中昭徳「我が国の長期経済計画における教育計画――労働力の質的向上の手段としての教育」『商学討究』小樽商科大学、一九六四年、八五頁。
5 都村敦子「経済計画の変遷と社会保障」『季刊社会保障研究』第三巻第二号、国立社会保障・人口問題研究所、一九六七年一二月、六一頁。
6 浅井良夫「高度成長期をどうとらえるか」『世界』九月号、岩波書店、二〇〇五年、一〇八頁。
7 倉内史郎「技術革新と技能労働力の給源――中卒から高卒への移行をめぐる要員問題」『労務研究』一六巻、一九六三年。
8 桜井智恵子「高度成長期初頭の家庭における学歴の高度化――学卒労働市場の継時的変化をてがかりに」『生活科学研究誌』第四巻、大阪市立大学大学院生活科学研究科、二〇〇六年。
9 三浦展『「家族」と「幸福」の戦後史――郊外の夢と現実』講談社現代新書、一九九九年、一二九頁。
10 浅井良夫、前掲書。
11 桜井智恵子「『個別最適化』という『質の高い学び』――能力を最大限に発揮させるリベラリズムでいくのか」『「経済産業と教育」研究委員会報告書』教育文化総合研究所、二〇二一年。
12 山田潤「教室から職場への移行――なにがほんとうの問題か」『臨床教育学研究』第二三号、二〇一七年、三〇頁。
13 酒井隆史、前掲書、四八六頁。
14 同右。

第4章

1 たとえば、「法的拘束力をもった愛国心道徳が始まったことを意味する。」国民教育文化総合研究所　道徳・人権教育研究委員会『これからの道徳教育・人権教育』アドバンテージサーバー、二〇一四年、三七頁。
2 貝塚茂樹「教育勅語は道徳教育の『源流』たり得たのか：研究動向の整理と課題（報告論文、シンポジウム1　社会の構想と道徳教育の思想――源流から未来を展望する）」教育思想史学会『近代教育フォーラム』第二四号、二〇一五年、六一頁。
3 山住正巳、堀尾輝久『教育理念(戦後日本の教育改革2)』東京大学出版会、一九七六年、四五九頁。
4 植村秀樹「池田=ロバートソン会談と防衛力増強問題」日本国際政治学会編『国際政治』第一〇五号、一九九四年。
5 データベース「世界と日本」(代表:田中明彦)日本政治・国際関係データベース、政策研究大学院大学・東京大学東洋文化研究所、[文書名] 池田特使・ロバートソン国務次官補会談(一九五三年十月五日~三〇日)、十月一九日付池田特使覚書、[年月日] 一九五三年十月一九日、[出典] 日米関係資料集 一九四五~九七、二三四~二三八頁、外務省文書。
6 文部科学省『小学校学習指導要領(平成二九年告示)解説 特別の教科 道徳編』二〇一七年。
7 マックス・ウェーバー、大塚久雄訳『プロテスタンティズムの倫理と資本主義の精神』岩波文庫、一九八九年、六七頁。
8 同右、三九〇頁。
9 同右、三六四~三六五頁。
10 岡村達雄編『【教育の現在 ―― 歴史・理論・運動 第三巻】教育運動の思想と課題』社会評論社、一九八九年。
11 岡村達雄『現代公教育論 ―― 再編と変革への視座』社会評論社、一九八二年、五四頁。
12 尾崎ムゲン『戦後教育史論 ―― 民主主義教育の陥穽』インパクト出版会、一九九一年、二二二頁。
13 教育課程審議会答申昭和二六年一月四日(一九五一年)。

第5章

1 日本教育学会『教育学研究』第六五巻第一号、一九九八年、一~二頁。
2 同右、八四頁。
3 学校教育法第一条にある、幼稚園・小学校・中学校・高等学校・中等教育学校・特別支援学校・大学・高等専門学校をいう。
4 著書に『教育労働論』(明治図書、一九七六年)、『現代公教育論 ―― 再編と変革への視座』(社会評論社、一九八二年)、『処分論 ――「日の丸」「君が代」と公教育』(インパクト出版会、一九九五年)、編著に『教育の現在 ―― 歴史・理論・運動』全三巻(社会評論社、一九八九年)、「日本近代公教育の支配装置 ―― 教員処分体制の形成と展開をめぐって」（社会評論社、二〇〇二年）、共編著で『学校という交差点』（インパクト出版会、一九九四年）、『人権の新しい地平――共生に向けて』（学術図書出版社、二〇〇三年）、共著で日本臨床心理学会編『戦後特殊教育　その構造と論理の批判――共生・共育の原理を求めて』（社会評論社、一九八〇年）などがある。

5 国家や市民社会によって、さまざまな場に教育制度や教育実践などを広げること。

6 西中一幸「養護学校の義務制をめぐる諸問題の考察――一九七九年小中養護学校に関する政令施行後の動きに焦点をあてて」『Core Ethics』立命館大学大学院先端総合学術研究科、第八巻、二〇一二年。

7 堀尾輝久「公教育論の視点から」『教育制度学研究』第一〇巻、日本教育制度学会、一〇〇頁、二〇〇三年。

8 たとえば、堀尾・持田論争：持田栄一編『教育改革への視座』田畑書店、一九七三年。ほかに、佐藤秀夫『学校ことはじめ事典』小学館、一九八七年や、伊藤祥子「学校にからむ家族の問題」岡村達雄編『現代の教育理論』社会評論社、一九八八年など。

9 岡村達雄・古川清治『養護学校　義務化以後――共生からの問い』柘植書房、一九八六年、五〇頁。

10 日本教育学会『教育学研究』第六五巻第一号、一九九八年、一～二頁。

11 岡村達雄・古川清治、前掲書、五四頁。

12 同右、五五頁。

13 同右、五六頁。

14 同右、五八頁。

15 同右、七三頁。

16 同右、六〇～六一頁

17 日本臨床心理学会編『戦後特殊教育　その構造と論理の批判――共生・共育の原理を求めて』社会評論社、一九八〇年、三六頁。

18 岡村達雄・古川清治、前掲書、七四頁。

19 同右、八七頁。

20 同右、八五頁。

21　同右、八五～八六頁。
22　同右、八四頁。
23　同右、八七頁。
24　岡村達雄『現代公教育論――再編と変革への視座』前掲書、五六頁。
25　同右、二七頁。
26　同右、三二頁。
27　同右、三二～三三頁。
28　同右、六二頁。
29　持田栄一「『教育改革』という名の『教育支配』――『養護学校の義務制化』政策の問題点」東京学芸大学教育文化刊行会『教育文化』二四号、一九七八年、二四頁（日本臨床心理学会編『戦後特殊教育　その構造と論理の批判――共生・共育の原理を求めて』社会評論社、一九八〇年、三六頁より重引）。
30　持田栄一「公教育の成立と教育行政の展開――比較教育行政論」日本教育行政学会年報、第三号、一九七七年、一二〇頁。
31　同右、一二五頁。
32　岡村達雄『現代公教育論――再編と変革への視座』前掲書、五四頁。
33　岡村達雄・古川清治、前掲書、六四～六五頁。
34　岡村達雄「自由と共生の現在をめぐって」岡村達雄・尾崎ムゲン編『学校という交差点』インパクト出版会、一九九四年、一三頁。
35　岡村達雄・古川清治、前掲書、六六頁。
36　同右、六九頁。
37　同右、六七頁。
38　同右、六八頁。
39　岡村達雄『現代公教育論――再編と変革への視座』前掲書、四六頁。

40　岡村達雄・古川清治、前掲書、八二頁。
41　岡村達雄「『不登校』と『多様化』政策との関連をめぐって」『青少年問題研究』大阪府生活部青少年課、一九九三年、七六頁。
42　二〇一六年一二月一日には「不登校政策について」と題して、文部科学省初等中等教育局児童生徒課長補佐の高橋由紀さんが、教育機会確保法の説明を行っている。（東京シューレ「子どもを知る」公開講座）
43　徳岡輝信「フリースクールの現在」岡村達雄・尾崎ムゲン編、前掲書、九一頁。
44　徳岡は、久田邦明の分析を紹介する。「トモヱ学園の校長は、戦時中あのような学校を運営するために周囲との軋轢をどれほど強いられたのか。死と隣り合わせの自由、政治権力と緊張関係の中の自由こそが問題なのではないのか。しかしそういう読まれ方はされなかった」（同右、八八～八九頁）。
45　岡村達雄「『不登校』と『多様化』政策との関連をめぐって」前掲書、七三頁。
46　岡村達雄「学校化社会の中の不登校 ―― 問題としての学校から考える」『児童心理』六月号、金子書房、一九九〇年、一八六頁。
47　岡村達雄、「『不登校』と『多様化』政策との関連をめぐって」前掲書、七〇～七二頁。
48　岡村達雄「自由と共生の現在をめぐって」岡村達雄・尾崎ムゲン編、前掲書、二六～二七頁。
49　同右。
50　同右、六一頁。
51　「義務教育の段階における普通教育に相当する教育の機会の確保等に関する法律の公布について（通知）」文部科学省初等中等教育局長　藤原誠、平成二八年一二月二二日。
52　石井拓児「福祉国家における義務教育制度と学校づくり ――『多様な教育機会確保法案』の制度論的・政策論的検討」日本教育政策学会年報、第二三号、二〇一六年、二九頁。
53　谷口聡「教育の多様性と機会均等の政策論的検討 ―― 教育機会確保法案の分析を通じて」『教育制度学研究』第二三号、日本教育制度学会、二〇一六年、一七頁。
54　「不登校新聞　つぶやきプロジェクト」二〇一五年六月二〇日：http://futokoshinbun.sblo.jp/article/143358517.html（二〇二一

年五月一日閲覧）。桜井智恵子「〈多様な〉教育機会確保法案が招く新自由主義の学校制度」『季刊福祉労働』一五〇号、二〇一六年、二一頁。

55 汐見稔幸「普通教育における多様な学びの場の広がりの必然性」フリースクール全国ネットワーク・多様な学び保障法を実現する会編『教育機会確保法の誕生　子どもが安心して学び育つ』東京シューレ出版、二〇一七年、七～八頁。

56 喜多明人「不登校の子どものための教育機会確保法 —— その読み方」同右、一五五頁。

57 岡村達雄「自由と共生の現在をめぐって」前掲書、一一～一二頁。

58 同右、三七頁。

59 中野敏男「ボランティア動員型市民社会論の陥穽」『現代思想』第二七巻五号、青土社、一九九九年、九一頁。

60 汐見稔幸、前掲書、二頁。

61 尾崎ムゲン「共通一次と『進学文明』」西村徹也編『共通一次を撃つ・一九七九年度試験問題の総点検』第三文明社、一九七九年、三一九頁（尾崎ムゲン『戦後教育史論 —— 民主主義教育の陥穽』インパクト出版会、一九九一年に所収）。

62 岡村達雄『現代公教育論 —— 再編と変革への視座』前掲書、四八頁。

第6章

1 島和博『現代日本の野宿生活者』学文社、二五七頁、一九九九年。

2 「国民生活基礎調査」を基に等価可処分所得（世帯所得を世帯員数の平方根で割る）の所得中央値を貧困線とし、下回る所得割合を「相対的貧困率」とした。

3 桜井智恵子「『支援』という包摂 —— 自己責任への主体化」『atプラス』三〇号、二〇一六年。

4 武川正吾「いまなぜ、子どもの貧困か」『世界』八九一号、六四頁、二〇一七年二月。

5 桜井智恵子『子どもの声を社会へ —— 子どもオンブズの挑戦』岩波新書、二〇一二年。

6 Peck, Jamie, and Tickell, Adam. 2002. "*Neoliberalizing Space*" Antipode 34 (3): 390.

7 堅田香緒里「対貧困政策の新自由主義的再編 —— 再生産領域における『自立支援』の諸相」『経済社会とジェンダー』第二巻、二〇一七年、二〇頁。

8　阿部彩「子ども期の貧困が成人後の生活困難（デプリベーション）に与える影響の分析」国立社会保障・人口問題研究所『季刊社会保障研究』四六巻四号、三六五頁、二〇一一年。

9　木下光生『貧困と自己責任の近世日本史』人文書院、二〇一七年、三一三頁。

10　桜井智恵子『市民社会の家庭教育』前掲書、一五二～一五七頁。

11　酒井隆史『通天閣――新・日本資本主義発達史』青土社、二〇一一年、二三〇頁。

12　原口剛『叫びの都市――寄せ場、釜ヶ崎、流動的下層労働者』洛北出版、二〇一六年、八七頁。

13　「朝日新聞大阪市内版」一九六〇年二月一四日（原口剛、前掲書、一一六頁）。

14　原口剛、前掲書、一一八頁。

15　小柳伸顕『教育以前――あいりん小中学校物語』田畑書店、二二九頁、一九七八年。

16　小柳伸顕『釜ヶ崎現場ノート　１９７５～２００７年』私家版、サランベ舎、二〇二一年、三二二～三二三頁。

17　寺島珠雄『釜ヶ崎暴動略誌』（原口剛、前掲書、一八〇頁）。

18　小柳伸顕『教育以前――あいりん小中学校物語』前掲書、二〇一頁。

19　小柳伸顕『釜ヶ崎現場ノート　１９７５～２００７年』前掲書、三二〇頁。

20　http://kamamat.org/dantai/airin-gakuen/airin-gakuen.html（二〇二一年五月一日閲覧）

21　小柳伸顕『釜ヶ崎現場ノート　１９７５～２００７年』前掲書、一六頁。

22　同右、二二三頁。

23　同右、一一四～一一五頁。

24　原口剛、前掲書、一六一～一六二頁。

25　同右、二二六頁。

26　鶴田雫「けいざい早わかり　企業のカネ余り」三菱ＵＦＪリサーチ＆コンサルティング、二〇一二年三月一五日「浮かぶカネ余り日本株」日本経済新聞、二〇二〇年四月二四日。

27　中塚伸幸「今月のグラフ（二〇二〇年八月）雇用の悪化をどこまでおさえられるか」三菱ＵＦＪリサーチ＆コンサルティング調査部：https://www.murc.jp/report/economy/overall/japan_w/watch_2008/

28 斎藤太郎「平成の労働市場を振り返る――働き方はどのように変わったのか」二〇一九年三月二八日、ニッセイ基礎研究所：https://www.nli-research.co.jp/report/detail/id=61202?pno=3&site=nli（二〇二一年五月一日閲覧）
29 ジグムント・バウマン『新しい貧困――労働、消費主義、ニュープア』伊藤茂訳、青土社、二〇〇八年、一八六頁。
30 浜矩子『グローバル恐慌――金融暴走時代の果てに』岩波書店、二〇〇九年、一九二～一九三頁。
31 竹信三恵子『ピケティ入門――「21世紀の資本」の読み方』金曜日、二〇一四年、七七頁。
32 原口剛、前掲書、三四七～三五〇頁。
33 原伸子「福祉国家の変容と子どもの貧困――労働のフレキシビリティとケア」『大原社会問題研究所雑誌』六四九号、二〇一二年、四三頁。

第7章

1 後藤玲子「福祉国家の忘れもの」後藤玲子編『正義（福祉＋α）』ミネルヴァ書房、二〇一六年、四頁。
2 ジグムント・バウマン『新しい貧困――労働、消費主義、ニュープア』伊藤茂訳、青土社、二〇〇八年、八～九頁。
3 新川敏光『福祉国家変革の理路――労働・福祉・自由』ミネルヴァ書房、二〇一四年、i頁。
4 同右。
5 同右、三頁。
6 和田由美子、木村光彦「戦後日本の貧困――低消費世帯の計測」『季刊　社会保障研究』二四巻一号、一九九八年、九五頁。
7 江口英一「社会福祉研究の視角」江口英一編著『社会福祉と貧困』法律文化社、一九八一年、一九頁。
8 浅井春夫・松本伊智朗・湯澤直美『子どもの貧困――子ども時代のしあわせ平等のために』明石書店、二〇〇八年、一九頁。
9 武川正吾「いまなぜ、子どもの貧困か」『世界』八九一号、岩波書店、二〇一七年、五九頁。
10 小峯敦「経済と福祉の連環――ベヴァリッジの略伝から現代へ」『龍谷大学経済学論集』五一巻、龍谷大学経済学部、二〇一二年、七五頁。

11 同右、九〇頁。
12 ジグムント・バウマン、前掲書、一〇一～一〇六頁。
13 桜井智恵子「子どもの権利条約の地平――『教育』からの自由と人権をめぐって」尾崎ムゲン・岡村達雄編『学校という交差点』インパクト出版会、一九九四年、一五一頁。
14 仁平典宏「〈教育〉化する社会保障と社会的排除――ワークフェア・人的資本・統治性」『教育社会学研究』第九六集、二〇一五年、一七五頁。
15 原伸子「福祉国家の変容と子どもの貧困――労働のフレキシビリティとケア」『大原社会問題研究所雑誌』六四九巻、二〇一二年、三三頁。
16 尾崎ムゲン「戦後教育史分析の方法――戦後50年の地点から」『日本教育史研究』第一五号、一九九六年、九八頁。
17 田中拓道『福祉政治史――格差に抗するデモクラシー』勁草書房、二〇一七年、三八～三九頁。
18 同右、八八～八九頁。
19 「生存権崩れゆく一線」朝日新聞、二〇〇七年四月二七日。
20 岩田正美『現代の貧困――ワーキングプア／ホームレス／生活保護』筑摩書房、二〇〇七年、一八八頁。
21 同右、五～七頁。
22 「訳者解説」ロベール・カステル『社会問題の変容――賃金労働の年代記』前川真行訳、ナカニシヤ出版、二〇一二年、五五一頁。
23 前川真行「ミシェル・フーコーと統治」『大阪府立大学紀要（人文・社会科学）』六五号、二〇一七年、二二一～二二三頁。
24 厚生労働省「生活困窮者自立促進支援モデル事業実施要綱」平成二六年度。
25 「子どもの貧困解消へ」ユニセフ・レーク事務局長、朝日新聞、二〇一七年五月二九日。
26 堅田香緒里「〈物語〉の政策効果――社会保障政策の側から」『貧困と子ども・学力研究委員会報告書――学力向上論の欺瞞と居場所としての〈学校〉』教育文化総合研究所、二〇一七年、五七頁。

1 桜井智恵子「原発を許した戦後社会」桜井智恵子・広瀬義徳編著『揺らぐ主体／問われる社会』インパクト出版会、二〇一三年。「都市政策を支えるこれからの原理――『授業力』向上から『存在承認』へ」『ポスト成長社会と教育のありよう――業績承認から存在承認へ』都市政策研究委員会、国民教育文化研究所、二〇一三年など。

2 ナンシー・フレイザー『中断された正義――「ポスト社会主義的」条件をめぐる批判的省察』仲正昌樹監訳、御茶の水書房、二〇〇三年、二一頁。

3 ナンシー・フレイザー、アクセル・ホネット、加藤泰史監訳『再配分か承認か？』法政大学出版局、二〇一二年、三一六～三一七頁。

4 ナンシー・フレイザー『中断された正義――「ポスト社会主義的」条件をめぐる批判的省察』前掲書、二六〇頁。

5 ナンシー・フレイザー『正義の秤――グローバル化する世界で政治空間を再想像すること』向山恭一訳、法政大学出版局、二〇一三年、五頁。

6 ナンシー・フレイザー、アクセル・ホネット『再配分か承認か？』前掲書、三頁。

7 同右、一二二頁。

8 アクセル・ホネット『承認をめぐる闘争――社会的コンフリクトの道徳的文法』法政大学出版局、一九九二年、一六三頁。

9 同右、一〇五頁。

10 同右、一七〇頁。

11 同右。

12 同右。

13 同右、一七一頁。

14 同右、一七四～一七五頁。

15 ナンシー・フレイザー『中断された正義――「ポスト社会主義的」条件をめぐる批判的省察』前掲書、二一〇～二一一頁。

16 ナンシー・フレイザー、アクセル・ホネット『再配分か承認か？』前掲書、四一頁。

17 同右、三七頁。

18 ナンシー・フレイザー『中断された正義――「ポスト社会主義的」条件をめぐる批判的省察』前掲書、三七～三八頁。
19 ナンシー・フレイザー『正義の秤――グローバル化する世界で政治空間を再想像すること』前掲書、九四頁。
20 同右、三〇～三三頁。
21 同右、五一頁。
22 同右、九〇頁。
23 同右、一五九頁。
24 同右、一六七頁。
25 同右、一七四～一七五頁。
26 同右、一八九～一九〇頁。
27 同右、一九二頁。
28 アクセル・ホネット『承認をめぐる闘争――社会的コンフリクトの道徳的文法』前掲書、一七一頁。
29 ナンシー・フレイザー、アクセル・ホネット『再配分か承認か?』前掲書、一七〇頁。
30 斎藤幸平「貧者は承認されうるのか?――資本主義における承認の野蛮化をめぐって」『思想』岩波書店、二〇一九年一月号、一二三頁。
31 ジョック・ヤング『後期近代の眩暈――排除から過剰包摂へ』木下ちがや、中村好孝、丸山真央訳、青土社、二〇〇八年、一三四～一三五頁。
32 同右、二一二頁。
33 同右、四〇二頁。
34 桜井智恵子「反自立という相互依存プロジェクト」広瀬義徳、桜井啓太編『自立へ追い立てられる社会』インパクト出版会、二〇二〇年、六四～六五頁。酒井隆史「各人はその能力に応じて、各人にはその必要に応じて」『nyx』第五号、堀之内出版、二〇一八年、二八八～二八九頁。このフレーズを有名にしているのはマルクスの『ゴータ綱領批判』だが、オリジナルは一八世紀フランスの著述家の創作という。
35 カール・マルクス『ドイツ・イデオロギー』真下真一、藤野渉、竹内良知訳『マルクス・エンゲルス全集』第三巻、大月書店、一九六三年、五八六〜五八七頁。

36 カール・マルクス『資本論』大内兵衛、細川嘉六監訳、第一巻一分冊、大月書店、一九六二年（竹内章郎『平等の哲学』大月書店、二〇一〇年、一五〇頁より重引）。

37 酒井隆史「メガロポリスの預言者 ―― 現代都市における所有と占有について」『国際文化』大阪女子大学人文社会学部人文学科国際文化専攻研究室、二〇〇五年。

38 酒井隆史「『都市への権利』が問うもの ―― 法・権利の主体とその変容について」『法社会学』日本法社会学会、二〇〇六年。

39 竹内章郎『「弱者」の哲学』大月書店、一九九三年、一五六〜一五七頁。

40 竹内章郎、前掲書、二〇一〇年、一六一〜一六二頁。

41 同右、一六三頁。

42 桜井智恵子『子どもの声を社会へ ―― 子どもオンブズの挑戦』前掲書、一九二〜一九五頁。

第9章

1 篠宮紗和子「学習障害（LD）はいかにして『中枢神経系の機能障害』となったか ―― 障害の原因論選択の議論における生物医学モデルと障害の社会モデルのせめぎあい」日本教育社会学会編『教育社会学研究』第一〇四集、二〇一九年、一九三頁。

2 https://adaptivelearninginelt.wordpress.com/

3 星美恵子・荒川智「アメリカのREI論争の展開と適合的学習環境モデル」『茨城大学教育実践研究』第一八号、一九九九年、一四〇頁。

4 「発達障害の分類・歴史」『おそい・はやい・ひくい・たかい』一〇四号、ジャパンマシニスト、二〇一九年、一八頁。

5 石川憲彦「こどもの精神科医・心理士がこたえる発達障害をめぐる十九の疑問」『ちいさい・おおきい・よわい・つよい』一一四号、二〇一七年、一八〜一九頁。

6 同右、一六頁。

7 朝日新聞、二〇二〇年三月一六日。

8 アダム・スミス『道徳感情論』高哲男訳、講談社学術文庫、二〇一三年、一七三―一七七頁。

9 アマルティア・セン、後藤玲子『福祉と正義』東京大学出版会、二〇〇八年、一七三頁。

10 OECDの教育分野の活動には加盟国政府、地方自治体、大学等が費用を分担して共同実施するプログラムがあり、その一つとしてPISA（生徒の学習到達度国際調査事業）が実施されている。事務局は教育・スキル局（二〇〇二年に教育局として新設、二〇一二年に改称）が担当。各国政府代表として各国の教育省等から局長級～課長級が参加している。日本は、文部科学省から大臣官房国際課長等が出席している。

11 桜井智恵子「『テロとの戦い』より『構造的暴力』を問う」グレン・フック+桜井智恵子編『戦争への終止符――未来のための日本の記憶』法律文化社、二〇一六年、一〇頁。

12 水島治郎『反転する福祉国家――オランダモデルの光と影』前掲書、二〇八頁。

13 ミシェル・フーコー「ドゥルーズ・ガタリ『アンチ・オイディプス――資本主義と分裂症』への序文」『ミシェル・フーコー思考集成Ⅵ』二〇〇〇年（『フーコー・コレクション6　生政治・統治』ちくま学芸文庫、二〇〇六年、一六二頁）。

第10章

1 The United Nations Environment Programme and the International Livestock Research Institute (2020), *Preventing the next pandemic: Zoonotic diseases and how to break the chain of transmission.*

2 渋谷区では二〇一七年九月からICT教育推進事業を開始。区内公立小・中学校に在籍する児童・生徒に一人一台のタブレット端末を配布、さらに二〇二〇年九月に全面的に再構築するために令和二（二〇二〇）年度「ICT教育推進事業の新環境構築」として、二一億五百万円の予算を計上した。

3 https://www.learning-innovation.go.jp/covid_19/（二〇二〇年八月六日閲覧）。

4 Anderson, J. (2020, March 30) *The coronavirus pandemic is reshaping education.* Quartz.https://qz.com/1826369/how-coronavirus-is-changing-education/

5 桜井智恵子「教育がつくる障害者排除と優生思想――モンスモンスターは誰か」『福祉労働』第一五三号、二〇一六年、一二月。

6 個人投資家向け株式情報サイト「株探」：https://kabutan.jp/themes/?theme=%E6%95%99%E8%82%B2ICT&market=0&capitalization=-1&stc=&stm=0&page=3（二〇二〇年八月一〇日閲覧）。

7 Ben Williamson & Anna Hogan (2020) *Commercialisation and privatisation in/of education in the context of Covid-19*, Published by Education International - July 2020

8 OECD. (2020). *Tackling coronavirus (Covid-19)*: Contributing to a global effort. OECD. http://www.oecd.org/coronavirus/en/

9 World Bank. (2020) *Remote learning, EdTech and Covid-19*. The World Bank. https://www.worldbank.org/en/topic/edutech/brief/EdTech -covid-19

10 http://documents1.worldbank.org/curated/en/964121585254860581/pdf/Remote-Learning-Distance-Education-and-Online-Learning-During-the-COVID19-Pandemic-A-Resource-List-by-the-World-Banks-EdTech -Team.pdf

11 UNESCO. (2020) Legal notice, UNESCO. https://en.unesco.org/covid19/legalnotice

12 上尾真道「狂気と生権力」『思想』岩波書店、二〇一九年九月、一五七頁。

13 「プロローグ」戸谷洋志、百木漠『漂泊のアーレント　戦場のヨナス——ふたりの二〇世紀ふたつの旅路』慶應義塾大学出版会、二〇二〇年。

14 アーロン・S・モーア『「大東亜」を建設する——帝国日本の技術とイデオロギー』塚原東吾監訳、人文書院、二〇一九年、二九二頁。

15 同右、三一〇頁。

16 同右、三一三頁。

17 同右、三一四頁。

18 同右、三一六頁。

19 同右、三一七頁。

20 塚原東吾・藤原辰史「解説」同右、三三四頁。

21 中岡哲郎「産業技術論的に見た20世紀後半」『社会・経済システム』第一三巻、一九九四年、一〇八頁。

22 中岡哲郎「労働と技術の未来」札幌大学『産研論集』第二二号、一九九九年、九頁。
23 山本泰三「労働のゆくえ 非物質的労働の概念をめぐる諸問題」山本泰三編『認知資本主義 ―― 21世紀のポリティカル・エコノミー』ナカニシヤ出版、二〇一六年、七八頁。
24 グレゴワール・シャマユー『ドローンの哲学 ―― 遠隔テクノロジーと〈無人化〉する戦争』明石書店、二〇一八年、二七二頁。
25 渡名喜庸哲「『内戦』自体のドローン ――〝人間狩り〟の時代と倫理」『福音と世界』二〇二〇年八月、一六〜一七頁。
26 UNESCO, Fact Sheet no. 58 May 2020UIS/2020/ED/FS/58, *The Need to Collect Essential Education Data During the COVID-19 Crisis* (http://uis.unesco.org/sites/default/files/documents/fs58-need-for-essential-education-data_0.pdf)
27 Ben Williamson & Anna Hogan (2020), op.cit., p.20.
28 グレゴワール・シャマユー、前掲書、二七二〜二七三頁。
29 Ben Williamson & Anna Hogan (2020), op.cit., p.21.
30 酒井隆史『完全版 自由論 ―― 現在性の系譜学』前掲書、四五頁。
31 杉村昌昭「コロナ騒動は『グローバル内戦』を隠蔽する」『福音と世界』二〇二〇年八月、八〜一〇頁。

終章

1 吉田徹『アフター・リベラル ―― 怒りと憎悪の政治』講談社現代新書、二〇二〇年、五七頁。なお、アメリカでいう「リベラル」は個人の自由と政府による再分配とのセットとみなされるが、ヨーロッパでいう「リベラル」は個人の自由と自由放任主義をセットとする立場を指す。
2 ナンシー・フレイザー「進歩主義ネオリベラリズムの終焉」『世界』臨時増刊、二〇一七年。
3 藤田英典『教育改革 ―― 共生時代の学校づくり』岩波新書、一九九七年、九七頁。
4 ミシェル・フーコー「監獄についての対談 ―― 本とその方法」(J・J・ブロシエとの対談)『マガジーヌ・リテレール』誌、一〇一号、一九七五年六月(『フーコー・コレクション4 権力・監禁』ちくま学芸文庫、二〇〇六年、二一二頁)。
5 酒井隆史『完全版 自由論 ―― 現在性の系譜学』前掲書、五五九頁。

6 Foucault Michel (1997) *"Il faut défendre la société" Cours au Collège de France 1975-1976*, Paris, Gallimard / Seuil.（石田英敬・小野正嗣訳『ミシェル・フーコー講義集成6　社会は防衛しなければならない――コレージュ・ド・フランス講義1975-76』筑摩書房、二〇〇七年）。

7 Foucault Michel (1975) *Surveiller et Punir*, in Œuvres, t.2, Paris, Gallimard (Pléiade), 2015（田村俶訳『監獄の誕生――監視と処罰』新潮社、一九七七年、一四三頁）。

8 同右、二三三頁。

9 慎改康之『フーコーの言説〈自分自身〉であり続けないために』筑摩選書、二〇一九年。

10 Foucault Michel (1976) *Histoire de la sexualité* I: La Volonté de savoir, in Œuvres, t.2. Paris, Gallimard (Pléiade), 2015（渡辺守章訳『性の歴史I――知への意思』新潮社、一九八六年、一七三頁）。

11 Foucault Michel（1997）（石田英敬・小野正嗣訳、前掲書、四二頁）。

12 同右、二四二頁。

13 Foucault Michel (2004) *"Sécurité, territorie, population" Cours au Collège de France1977-1978*, Paris, Gallimard / Seuil.（高桑和巳訳『ミシェル・フーコー講義集成7　安全・領土・人口――コレージュ・ド・フランス講義1977-78』筑摩書房、二〇〇七年）。

14 Foucault Michel (1997)（石田英敬・小野正嗣訳、前掲書、二四四頁）。

15 Foucault Michel (2004)（高桑和巳訳、前掲書、一五頁）。

16 同右、一三二頁。

17 前川真行「ミシェル・フーコーと統治」『大阪府立大学紀要（人文・社会学）』六五巻、二〇一七年、二二頁。

18 渡邊裕一『ジョン・ロックの権利論――生存権とその射程』晃洋書房、二〇二〇年、四五〜四六頁。

19 ミシェル・スネラール「講義の位置づけ」ミシェル・フーコー『ミシェル・フーコー講義集成7　安全・領土・人口――コレージュ・ド・フランス講義1977-78』前掲書、四六五頁。

20 酒井隆史『完全版　自由論――現在性の系譜学』前掲書、八三頁。

21 同右、四七一頁。

22 同右、四七四頁。
23 桜井智恵子『市民社会の家庭教育』（前掲書）でも同様の位置づけで展開している。
24 米谷園江「ミシェル・フーコーの統治性研究」『思想』第八七〇巻、岩波書店、一九九六年、九四頁。
25 酒井隆史・重田園江「誤謬の勇気」『現代思想』第三七巻七号、青土社、二〇〇九年、五三頁。
26 同右、六五頁。
27 酒井隆史、前掲書、五四一頁。
28 酒井隆史・重田園江、前掲、五七頁。
29 小泉義之『ドゥルーズの霊性』河出書房新社、二三一頁。
30 ミシェル・フーコー「監獄についての対談 ―― 本とその方法」（J・J・ブロシエとの対談、一九七五年六月）『フーコー・コレクション4 権力・監禁』筑摩書房、二〇〇六年、一九〇頁。
31 小泉義之、前掲書、二三二頁。
32 米谷園江、前掲論文、七八頁。
33 酒井隆史・重田園江、前掲、六〇～六一頁。
34 ジグムント・バウマン『自分とは違った人たちとどう向き合うか』伊藤茂訳、青土社、二〇一七年、五八頁。
35 同右、一二九頁。
36 同右、六一頁。
37 同右、六三頁。
38 同右、一二八頁。
39 酒井隆史、前掲書、五二四頁。
40 日下渉『反市民の政治学 ―― フィリピンの民主主義と道徳』法政大学出版局、二〇一三年、九〇頁。
41 酒井隆史、前掲書、五六〇頁。
42 同右、五六三頁。
43 デヴィッド・グレーバー『負債論 ―― 貨幣と暴力の五〇〇〇年』酒井隆史監訳、高祖岩三郎、佐々木夏子訳、以文社、二〇一六年、一四三頁。
44 同右、一四九頁。
45 酒井隆史「訳者あとがき」デヴィッド・グレーバー『ブルシット・ジョブ――クソどうでもいい仕事の理論』岩波書店、二〇二〇年、四二五頁。
46 高祖岩三郎「グレーバー現象について――訳者あとがきにかえて」デヴィッド・グレーバー『アナーキスト人類学のための断章』高祖岩三郎訳、以文社、二〇一六年、二〇〇六年、一八五～一八六頁。
47 酒井隆史、高祖岩三郎「世界を共に想像し直すために――訳者あとがきにかえて」デヴィッド・グレーバー『負債論――貨幣と暴力の5000年』前掲書、六〇〇頁。
48 同右、六一八頁。
49 デヴィッド・グレーバー『官僚制のユートピア――テクノロジー、構造的愚かさ、リベラリズムの鉄則』酒井隆史訳、以文社、二〇一七年、一一六～一一七頁。
50 桜井智恵子「反自立という相互依存プロジェクト」桜井啓太・広瀬義徳編『自立へ追い立てられる社会』インパクト出版会、二〇二〇年。桜井智恵子「『自立』を強いる資本制社会に対抗する協同組合運動」『社会運動』第四四二号、市民セクター政策機構、二〇二一年。
51 堀利和「労働力商品化を止揚した社会的協同組合のレゾンデートル」柏井宏之・樋口兼次・平山昇共同編集『西暦二〇三〇年における協同組合――コロナ時代と社会的連帯経済への道』社会評論社、二〇二〇年。
52 デヴィッド・グレーバー『デモクラシー・プロジェクト』木下ちがや他訳、航思社、二〇一五年、三二八頁。

索引

あ行

か行

さ行

た行

初出一覧

第 4 章
「資本制社会が求めた道徳教育」『唯物論研究』第 149 号、2019 年

第 5 章
「公教育における別々の『教育機会確保』という問題――1980-90 年代岡村達雄の『養護学校義務化』・『不登校政策』論をてがかりに」『教育と文化』第 91 号、2018 年

第 6 章
「『子どもの貧困』という隠蔽――釜ヶ崎の社会史から、格差と資本の構図に」『ボランタリズム研究』第 3 号、2019 年

第 7 章
「『自立した個人』という福祉国家の原理的課題――『子どもの貧困』対策としてのワークフェア子ども版：学習支援を問う」『人間福祉学研究』第 10 巻第 1 号、2017 年

第 10 章
「EdTech コロナショック――『なんと素晴らしい瞬間』」『Covid-19 コンセプトペーパー』（関西学院大学人間福祉学部ＨＰ）2020 年

［著者］
桜井 智恵子（さくらい・ちえこ）
University of the Philippines などを経て、大阪市立大学大学院生活科学研究科博士課程満期退学。博士（学術）。現在、関西学院大学人間福祉研究科教員。専門は教育社会学、社会思想史。主な著書に『子どもの声を社会へ――子どもオンブズの挑戦』（岩波新書、2012 年）、『市民社会の家庭教育』（信山社、2005 年）、『揺らぐ主体・問われる社会』（広瀬義徳との共編、インパクト出版会、2013 年）、『戦争への終止符――未来のための日本の記憶』（グレン・フックとの共編、法律文化社、2016 年）、『「民意」と政治的態度のつくられ方』（工藤宏司／桜井智恵子／広瀬義徳／柳沢文昭／水岡俊一／堅田香緒里、太田出版、2020 年）、「反自立という相互依存プロジェクト」『自立へ追い立てられる社会』（広瀬義徳／桜井啓太編、インパクト出版会、2020 年）など。

教育は社会をどう変えたのか
――個人化をもたらすリベラリズムの暴力

二〇二一年 九 月六日　初版第一刷発行
二〇二三年一〇月五日　初版第四刷発行

著　者――桜井智恵子
発行者――大江道雅
発行所――株式会社 明石書店
〒一〇一―〇〇二一　東京都千代田区外神田六―九―五
電　話　〇三―五八一八―一一七一
ＦＡＸ　〇三―五八一八―一一七四
振　替　〇〇一〇〇―七―二四五〇五
https://www.akashi.co.jp

装画　しおたまこ
装幀　明石書店デザイン室
印刷・製本　モリモト印刷株式会社

（定価はカバーに表示してあります）
ISBN 978-4-7503-5252-7